Gianluca Pedrotti

Italienisch üben
Hören & Sprechen B1

Buch mit Audios online

Hueber Verlag

Der kostenlose MP3-Download zum Buch ist unter **www.hueber.de/audioservice** erhältlich.

3. 2. 1. | Die letzten Ziffern
2025 24 23 22 21 | bezeichnen Zahl und Jahr des Druckes.
Alle Drucke dieser Auflage können, da unverändert, nebeneinander benutzt werden.
1. Auflage

Umschlaggestaltung: Sieveking · Agentur für Kommunikation, München
Layout und Satz: Sieveking · Agentur für Kommunikation, München
Verlagsredaktion: Stephanie Pfeiffer, Hueber Verlag, München, Valerio Vial, München
Druck und Bindung: Friedrich Pustet GmbH & Co. KG, Regensburg
Printed in Germany
ISBN 978-3-19-347909-9

Art. 530_28265_001_01

Inhaltsverzeichnis

Vorwort

Liebe Lernerinnen, liebe Lerner,

Italienisch üben Hören & Sprechen B1 ist ein Übungsbuch für fortgeschrittene Lernende mit Vorkenntnissen auf Niveau B1 zum selbstständigen Üben und Wiederholen. Es eignet sich auch für den unterrichtsbegleitenden Einsatz, zur Überbrückung von Kurspausen oder zur Vorbereitung auf Prüfungen der Niveaustufe B1 des *Gemeinsamen Europäischen Referenzrahmens*.

Italienisch üben Hören & Sprechen B1 orientiert sich an den gängigen B1-Lehrwerken für den Kursunterricht und trainiert die Fertigkeiten Hören und Sprechen auf diesem Niveau. Die abwechslungsreichen Hörverständnis- und Sprechübungen behandeln alle für die Bewältigung der Alltagskommunikation wichtigen Themen und den entsprechenden Wortschatz.

Italienisch üben Hören & Sprechen B1 bietet die Lösungen zu sämtlichen Übungen direkt im Anschluss an das jeweilige Unterkapitel. Dort sind zur Erfolgs- und Verständnissicherung auch die Hörtexte zu den Übungen abgedruckt.

Italienisch üben Hören & Sprechen B1 besteht aus dem vorliegenden Übungsbuch und Sprachaufnahmen im MP3-Format, die Sie unter **www.hueber.de/audioservice** herunterladen können. Die vertonten Texte sind im Buch jeweils mit dem Symbol ▶ 15 gekennzeichnet. Die Zahl gibt den jeweiligen Track an.

Bitte hören Sie die Texte und Dialoge mehrmals und benutzen Sie zum Nachsprechen bei Bedarf auch die Pause-Funktion Ihres Abspielgeräts. So können Sie die Länge der Pausen nach Ihren Bedürfnissen individuell steuern.

Und nun wünschen wir Ihnen viel Spaß und viel Erfolg!

Autor und Verlag

A Io e gli altri

A1 Ho trovato la mia anima gemella...

▶ 01 **1a Giulia und Carlo treffen sich auf einen Aperitif. Während sie auf ihren Freund Sergio warten, unterhalten sie sich. Worüber reden sie?**

Giulia e Carlo parlano
- ☐ della loro vita lavorativa.
- ☐ della loro vita sentimentale.
- ☐ della vita sentimentale di Sergio.

▶ 01 **1b Hören Sie die Unterhaltung noch einmal und kreuzen Sie an.**

	vero	falso
1. Sergio è in ritardo perché deve finire di prepararsi.	☐	☐
2. Karina e Sergio si conoscono da due anni.	☐	☐
3. Karina e Sergio hanno una relazione a distanza.	☐	☐
4. Carlo è ottimista nei confronti delle relazioni a distanza.	☐	☐
5. Per Giulia, in una relazione a distanza si vive il rapporto con più intensità.	☐	☐

▶ 02 **1c Nach einer kleinen Verspätung stößt Sergio dazu und die drei Freunde unterhalten sich weiter. Hören Sie die Fortsetzung und entscheiden Sie, welches Bild zu welcher Person passt.**

Giulia • Sergio • Carlo

A

B

C

▶ 02 **1d Hören Sie das Gespräch noch einmal und kreuzen Sie an.**

1. Sergio e Karina si sono conosciuti
   ☐ durante un viaggio di lavoro. ☐ su un'applicazione online.
2. Karina ☐ ha intenzione ☐ non ha intenzione di trasferirsi.
3. Sergio e Karina hanno in comune la passione per ☐ la natura.
   ☐ l'architettura. ☐ la montagna. ☐ il mare. ☐ la letteratura. ☐ l'arte.
4. Giulia e il suo convivente ☐ hanno ☐ non hanno intenzione di sposarsi.
5. Giulia ☐ vorrebbe ☐ non vorrebbe avere figli un giorno.
6. Carlo è ☐ separato ☐ divorziato dalla moglie.

▶ 03 **1e Sie treffen einen alten Freund, den Sie seit einiger Zeit nicht gesehen haben. Er erkundigt sich nach einer gemeinsamen Freundin. Beantworten Sie die Fragen mithilfe der Angaben.**

■ Senti, hai notizie di Rossana? È una vita che non la vedo.

Es geht ihr gut. Sie treffen sich ziemlich oft.

● *Sta bene. Ci* ______________________________

■ Ah, ma è ancora insieme a quello strano tipo?

Sie verneinen. Rossana hat Emanuele vor drei Jahren verlassen. Sie hat jetzt einen anderen Freund. Er heißt Valerio.

● ______________________________

■ E si conoscono da molto?

Sie kennen sich seit fast zwei Jahren.

● ______________________________

■ Ma dai! E come si sono conosciuti?

Sie haben sich während eines Yoga-Kurses in einem Resort auf Bali kennengelernt.

● ______________________________

■ Beh, sembra quasi un incontro da film di Hollywood! Ma hanno altre cose in comune oltre allo yoga?

Sie bejahen. Rossana und Valerio haben viel gemeinsam. Sie teilen die Leidenschaft für Kunst, sie interessieren sich für Politik und (ver)reisen gerne.

● ______________________________

■ Insomma, Rossana ha proprio trovato la sua anima gemella! Ma che intenzioni hanno per il futuro? Pensano di sposarsi?

Momentan haben sie nicht vor, zu heiraten. Sie möchten aber zusammenziehen.

● ______________________________

■ Vogliono avere figli?

Rossana möchte sich jetzt erst einmal auf ihre Karriere konzentrieren, aber später möchte sie auf jeden Fall Kinder haben.

● ______________________________

■ Accidenti! Quante novità!

A1 Ho trovato la mia anima gemella...

▶ 01 1a Text / Lösung

- ■ Giulia, ciao! Che piacere vederti!
- ● Ciao, Carlo! Eh sì, l'ultima volta ci siamo visti due anni fa a Natale a casa di Sergio.
- ■ È vero, mamma mia! Sono già passati due anni. Non vedo l'ora di sentire tutte le tue novità.
- ● Beh, anche Sergio ha un sacco di cose da raccontare...
- ■ A proposito, ... ehm... Sergio dov'è? È in ritardo come al solito, proprio come ai tempi dell'università! Sicuramente è ancora a casa e si sta preparando per uscire. Me lo immagino davanti allo specchio a farsi bello. Insomma, "il lupo perde il pelo, ma non il vizio".
- ● Dai, su, povero Sergio! Lo prendi sempre in giro. Ma questa volta ha una scusa valida. Mi ha mandato un messaggio mezz'ora fa. Arriva fra poco. Sta accompagnando Karina in stazione.
- ■ Karina? E chi è? Una delle sue tante ragazze?
- ● Beh... è la sua nuova ragazza. Ma stavolta è una cosa seria. Si conoscono da quasi un anno e stanno veramente bene insieme. Lei è tedesca, abita a Monaco e lavora come ingegnere per una nota casa automobilistica.
- ■ Ah, ma... hanno una relazione a distanza?
- ● Sì, al momento sì.
- ■ Bah, sarà... Lo sai che sono scettico nei confronti delle relazioni a distanza. Secondo me, funzionano bene solo all'inizio quando entrambi vedono tutto rosa.
- ● E invece tu vedi sempre tutto nero. Sei sempre così pessimista... Sergio e Karina sono insieme ormai da quasi un anno, il loro rapporto è collaudato.
- ■ Scusa, ma... come fanno? Vivono a più di 500 chilometri di distanza. Lui è qui a Milano e lei è in Germania. Non possono vedersi tutti i giorni, non possono conoscersi fino in fondo. Magari avranno una relazione aperta.
- ● Ma quale relazione aperta? Si vedono tre volte al mese dal venerdì alla domenica. Durante la settimana hanno più tempo per i loro interessi e i loro amici. E quando si vedono, passano tutto il fine settimana insieme. Secondo me, una relazione a distanza permette di conoscersi più lentamente, ma anche più intensamente! Ecco, guarda, Sergio sta arrivando.

Giulia e Carlo parlano ☒ della vita sentimentale di Sergio.

▶ 01 **1b Lösung**

	vero	falso
1. Sergio è in ritardo perché deve finire di prepararsi.	☐	☒
Sergio è in ritardo perché sta accompagnando Karina in stazione.		
2. Karina e Sergio si conoscono da due anni.	☐	☒
Karina e Sergio si conoscono da quasi un anno.		
3. Karina e Sergio hanno una relazione a distanza.	☒	☐
4. Carlo è ottimista nei confronti delle relazioni a distanza.	☐	☒
Carlo è scettico nei confronti delle relazioni a distanza.		
5. Per Giulia, in una relazione a distanza si vive il rapporto con più intensità.	☒	☐

▶ 02 **1c Text / Lösung**

▲ Ragazzi, ciao! Scusate, ma ho dovuto accompagnare...

■ Hai dovuto accompagnare Karina in stazione...

▲ Ah, vedo che sei già informato su tutto!

■ Sì, sì. Giulia mi ha raccontato che la tua nuova fiamma vive a Monaco. Ma vi siete conosciuti durante un viaggio di lavoro?

▲ No, ci siamo conosciuti su una di quelle applicazioni online per trovare un partner. Abbiamo chattato un po', ci siamo scambiati il numero di telefono e abbiamo fatto qualche videochiamata. Poi un sabato le ho fatto una sorpresa e sono andato a trovarla a Monaco.

■ Chi l'avrebbe mai detto! Sergio, sei un romanticone... Senti, ma ora che intenzioni avete? Una relazione a distanza non è facile.

▲ Sì, è vero. Infatti, vorremmo andare a vivere insieme. Lei ha già abitato a Milano e le piacerebbe tornarci: ha ancora alcuni contatti e ha intenzione di cercare un nuovo lavoro qui.

● Non ti sembra una decisione affrettata? Vi conoscete solo da circa un anno, no?

▲ Sì, ma abbiamo molte cose in comune: l'amore per l'architettura, la passione per la montagna e l'interesse per l'arte. Tra di noi c'è una sintonia incredibile: a volte non c'è bisogno di parlare, ci basta uno sguardo per capirci. Devo dire che finalmente ho trovato la mia anima gemella.

■ E bravo Sergio! Sei proprio innamorato. Senti, Giulia, tu invece? Non hai intenzione di sposarti? Tu e Marcello siete insieme da una vita!

● Sì, è vero. Siamo insieme da quasi dieci anni. Ma lo sai, non credo nel matrimonio. La nostra convivenza funziona perfettamente e non abbiamo intenzione di sposarci. Però presto un nuovo componente entrerà a far parte... del nostro nucleo famigliare...

▲ Ah, ma... sei incinta?! Congratulazioni!

● Ma cosa avete capito! Io e Marcello abbiamo deciso di adottare un cane. Siamo già stati al rifugio per animali un paio di volte e abbiamo trascorso un po' di tempo con lui. Fra qualche giorno possiamo andare a prenderlo e portarlo a casa. Pepe è un bellissimo labrador ed è tenerissimo! Naturalmente vorremmo avere anche dei figli un giorno, ma ora è presto. Chissà, forse fra qualche anno... E tu, Carlo?

■ Beh, io non ho nessuna intenzione di sposarmi un'altra volta. Ormai il divorzio da mia moglie è definitivo: la scorsa settimana io e lei abbiamo firmato le ultime pratiche e ora sono felicemente single.

Foto A: Sergio

Foto B: Carlo

Foto C: Giulia

▶ 02 **1d Lösung**

1. Sergio e Karina si sono conosciuti ☒ su un'applicazione online.
2. Karina ☒ ha intenzione di trasferirsi.
3. Sergio e Karina hanno in comune la passione per

   ☒ l'architettura. ☒ la montagna. ☒ l'arte.
4. Giulia e il suo convivente ☒ non hanno intenzione di sposarsi.
5. Giulia ☒ vorrebbe avere figli un giorno.
6. Carlo è ☒ divorziato dalla moglie.

▶ 03 **1e Text / Lösung**

■ Senti, hai notizie di Rossana? È una vita che non la vedo.

● Sta bene. Ci vediamo / Ci incontriamo abbastanza spesso.

■ Ah, ma è ancora insieme a quello strano tipo?

● No. Rossana ha lasciato Emanuele tre anni fa. Ora ha un altro ragazzo. Si chiama Valerio.

■ E si conoscono da molto?

● Si conoscono da quasi due anni.

■ Ma dai! E come si sono conosciuti?

● Si sono conosciuti durante un corso di yoga in un resort a Bali.

■ Beh, sembra quasi un incontro da film di Hollywood! Ma hanno altre cose in comune oltre allo yoga?

● Sì, Rossana e Valerio hanno molto / molte cose in comune. Condividono la passione per l'arte, s'interessano di politica e gli piace viaggiare.

■ Insomma, Rossana ha proprio trovato la sua anima gemella! Ma che intenzioni hanno per il futuro? Pensano di sposarsi?

● Al momento non hanno intenzione di sposarsi. Vorrebbero però / Però vorrebbero andare a vivere insieme.

■ Vogliono avere figli?

● Per ora Rossana vuole concentrarsi sulla sua carriera, ma più avanti le piacerebbe / vorrebbe sicuramente avere dei figli / bambini.

■ Accidenti! Quante novità!

A

A2 Non sopporto le persone arroganti...

▶ 04 **2a Sie hören eine Radiosendung. Kreuzen Sie das Bild an, das dem Thema der Sendung am besten entspricht.**

▶ 04 **2b Hören Sie die Radiosendung noch einmal und beantworten Sie die Fragen.**

1. Quando si celebra la Giornata mondiale dell'amicizia?

   ___

2. Quando e perché è nata questa iniziativa?

   ___

3. In che modo tutti noi possiamo contribuire a questa iniziativa nella vita quotidiana?

   ___

4. Che cosa significa il proverbio italiano "Chi trova un amico, trova un tesoro?"

   ___

▶ 05 **2c Der Radiomoderator interviewt die Hörer Marisa und Luca. Welche Themen werden behandelt?**

Nell'intervista Marisa e Luca parlano
- ☐ dei loro difetti.
- ☐ degli aspetti che non sopportano nelle persone.
- ☐ delle caratteristiche di un vero amico.
- ☐ della qualità migliore dei loro amici.

▶ 05 **2d Hören Sie die Interviews noch einmal und vervollständigen Sie die Sätze.**

Per Marisa un vero amico deve essere *affidabile*.

Marisa non sopporta le ____________________.

La migliore qualità della sua amica Giovanna è

____________________.

Per Luca un vero amico deve essere

____________________.

Luca non sopporta le ____________________.

La migliore qualità del suo amico Nicola è

____________________.

▶ 06 **2e Sie sind in Italien und werden auf der Straße für einen Radiosender zum Thema Freundschaft befragt. Antworten Sie mithilfe der folgenden Angaben.**

1. Ein wahrer Freund ist für Sie ein hilfsbereiter und geduldiger Mensch. Er kann zuhören und er steht Ihnen in schwierigen Zeiten zur Seite *(= essere vicino a qualcuno)*.
2. Sie können Unaufrichtigkeit *(= falsità)* und Leute, die Lügen erzählen, nicht leiden.
3. Martin ist ein guter Freund von Ihnen. Sie kennen ihn seit langer Zeit und er ist wie ein Bruder (für Sie). Er gehört zur Familie.
4. Martin ist eine ehrliche, offene und warmherzige *(= caloroso)* Person. Seine beste Eigenschaft ist (seine) Liebenswürdigkeit *(= gentilezza)*.

Esempio

■ Secondo te, come deve essere un vero amico?

● Per me, un vero amico è una persona disponibile e...

A2 Non sopporto le persone arroganti...

▶ 04 2a Text / Lösung

■ Buongiorno e bentornati a "Italia in onda". Sono Claudio Conti e vi terrò compagnia per le prossime tre ore. Oggi parleremo di un sentimento che riguarda tutti noi, parleremo di un valore universale, cioè dell'amicizia. Oggi, infatti, è il 30 luglio e si festeggia la Giornata mondiale dell'amicizia. Ma com'è nata quest'iniziativa? Lo chiediamo alla sociologa Raffaella Cavallaro. Buongiorno.

● Buongiorno a Lei e a tutti gli ascoltatori. Dunque, la Giornata mondiale dell'amicizia esiste da dieci anni. Nel 2011 l'Organizzazione delle Nazioni Unite ha istituito questa giornata per sottolineare l'importanza dell'amicizia tra le persone e i popoli: l'idea è quella di promuovere la solidarietà e l'armonia tra la gente. Tutti noi possiamo contribuire alla pace nel mondo iniziando proprio dalla nostra vita quotidiana e dimostrando l'amore verso i nostri amici.

■ Insomma, questa giornata celebra l'amicizia non solo tra le persone, ma anche tra i popoli e tra culture diverse. E come diceva la dottoressa Cavallaro, possiamo iniziare proprio nella vita di tutti i giorni mostrando affetto e amore per i nostri amici. Gli amici sono persone speciali, con cui condividiamo momenti belli e brutti della nostra vita. L'antico proverbio "Chi trova un amico, trova un tesoro" riassume bene questo sentimento. È raro trovare un amico o un'amica con cui possiamo costruire un rapporto lungo e duraturo. Ma esiste una formula segreta per una vera amicizia?

● Forse una formula non esiste, ma uno psichiatra statunitense ha individuato le caratteristiche di un'amicizia vera o meno. Alcune di queste caratteristiche le conosciamo un po' tutti: un vero amico è una persona diretta e onesta, ci aiuta a vedere i nostri errori e ascolta i nostri problemi. E secondo lo psichiatra, i veri amici aiutano a combattere lo stress... Sì, perché ci danno consigli e ci portano a prendere buone decisioni...

■ Grazie mille per il Suo intervento, dottoressa Cavallaro.

Zur Radiosendung passt Foto B.

▶ 04 2b Lösung

1. La Giornata mondiale dell'amicizia si celebra il 30 luglio.
2. L'iniziativa è nata nel 2011 per sottolineare l'importanza dell'amicizia tra le persone e i popoli.
3. Tutti noi possiamo contribuire a questa iniziativa dimostrando l'amore verso i nostri amici.
4. Significa che è raro / difficile trovare una persona con cui costruire un rapporto di amicizia lungo e duraturo.

▶ 05 **2c Text / Lösung**

■ Ma ora sentiamo cosa ne pensano i nostri ascoltatori. Abbiamo in linea Marisa. Benvenuta!

▲ Salve, Claudio.

■ Allora, Marisa, come deve essere un vero amico, secondo te?

▲ Dunque, per me, un vero amico deve essere affidabile. Devo poter contare su di lui, soprattutto nei momenti in cui ne ho più bisogno. Non ho molti amici, ma ho una stretta cerchia di persone di cui mi posso fidare. I miei amici sono persone che conosco dall'infanzia e mi sono sempre state vicino.

■ Beh, sì, sono d'accordo. Un vero amico lo vedi nei momenti difficili. Senti, Marisa, le persone che ti circondano hanno anche delle caratteristiche che non sopporti affatto? E se sì, quali sono?

▲ Sì, non sopporto le persone arroganti. Sono abbastanza modesta, semplice e... le persone arroganti mi mettono un po' a disagio. Per fortuna, i miei amici sono molto simili a me sotto questo aspetto.

■ Marisa, veniamo alla tua migliore amica o al tuo migliore amico. Secondo te, qual è la sua qualità migliore?

▲ Dunque, Giovanna è una cara amica, la conosco da una vita. La sua qualità migliore è l'ottimismo. È una ragazza positiva. Vede sempre il bicchiere mezzo pieno in ogni situazione.

■ Grazie, Marisa. Ma veniamo al prossimo ascoltatore. Ciao, Luca. Anche per te la stessa domanda. Come deve essere un vero amico, secondo te?

◆ Per me un vero amico deve essere sincero e onesto e deve dire apertamente quello che pensa. Sì, una qualità che stimo molto nelle persone è la sincerità.

■ E che cosa non sopporti nelle persone?

◆ Non sopporto le persone che sono sempre in ritardo... perché non hanno rispetto degli altri. Può succedere a tutti di arrivare tardi a un appuntamento perché c'è stato un contrattempo. Ma per alcune persone è impossibile arrivare puntuali.

■ Ultima domanda. Pensa a un tuo caro amico. Secondo te, qual è la sua qualità migliore?

◆ Dunque, Nicola è un mio caro amico. Ci conosciamo solo da quattro anni, ma per me è come un fratello. La sua qualità migliore è la generosità: è una persona molto altruista: è sempre molto disponibile ed è pronto ad aiutare tutti in qualsiasi momento. Nicola è davvero un ragazzo eccezionale.

■ Grazie mille, Luca! E ora passiamo...

Nell'intervista Marisa e Luca parlano

- ☒ degli aspetti che non sopportano nelle persone.
- ☒ delle caratteristiche di un vero amico.
- ☒ della qualità migliore dei loro amici.

▶ 05 **2d Lösung**

Per Marisa un vero amico deve essere *affidabile*.

Marisa non sopporta le *persone arroganti*.

La migliore qualità della sua amica Giovanna è *l'ottimismo*.

Per Luca un vero amico deve essere *sincero e onesto*.

Luca non sopporta le *persone che sono sempre in ritardo*.

La migliore qualità del suo amico Nicola è *la generosità*.

▶ 06 **2e Text / Lösung**

- ■ Secondo te, come deve essere un vero amico?
- ● Per me, un vero amico è una persona disponibile e paziente. Sa ascoltare e mi è vicino nei momenti difficili.
- ■ Che cosa non sopporti nelle persone?
- ● Non sopporto la falsità e le persone che raccontano bugie.
- ■ Hai un amico o un'amica a cui sei particolarmente legato / legata?
- ● Martin è un mio caro amico. Lo conosco da molto tempo ed è come un fratello (per me). È parte della (nostra) famiglia.
- ■ Come descriveresti Martin? E qual è la sua migliore qualità?
- ● Martin è una persona sincera, aperta e calorosa. La sua migliore qualità è la gentilezza.

A3 Pettegolezzi in ufficio

▶ 07 **3a Hören Sie das Gespräch und wählen Sie das dazu passende Bild aus.**

A  ☐

B  ☐

C  ☐

▶ 07 **3b Bringen Sie das Gespräch in die richtige Reihenfolge. Hören Sie anschließend zur Überprüfung.**

- [1] ■ Giorgio, hai visto Luca?
- [ ] ● Ho avuto anch'io questo sospetto... Magari staranno insieme da mesi...
- [ ] ■ Eh, perché ho ricevuto una chiamata per lui, ma non è nel suo ufficio.
- [ ] ■ No, sono andato a vedere, ma lì non c'è. E neppure Giovanna è alla scrivania...
- [ ] ● Beh, è l'ora di pranzo, staranno mangiando qualcosa da qualche parte.
- [ ] ● Mah, sicuramente sarà al bar qui sotto.
- [ ] ■ A pensarci bene, Giovanna e Luca fanno spesso la pausa pranzo insieme. Chissà, forse avranno una relazione segreta.
- [ ] ● No, perché?
- [9] ■ Sshhh. Guarda, Luca sta arrivando. Cambiamo discorso, va'!

▶ 08 **3c Sie plaudern mit Ihrer Kollegin. Antworten Sie auf ihre Fragen mithilfe der Angaben und verwenden Sie das „futuro semplice".**

Esempio ■ Sai dov'è Marta?
● Mah, **sarà** in una riunione.

0. essere in una riunione
1. essere di nuovo malata
2. avere 28 anni
3. metterci tre ore
4. stare facendo una pausa caffè

A3 Pettegolezzi in ufficio

▶ 07 3a/3b Text / Lösung

■ Giorgio, hai visto Luca?

● No, perché?

■ Eh, perché ho ricevuto una chiamata per lui, ma non è nel suo ufficio.

● Mah, sicuramente sarà al bar qui sotto.

■ No, sono andato a vedere, ma lì non c'è. E neppure Giovanna è alla scrivania...

● Beh, è l'ora di pranzo, staranno mangiando qualcosa da qualche parte.

■ A pensarci bene, Giovanna e Luca fanno spesso la pausa pranzo insieme. Chissà, forse avranno una relazione segreta.

● Ho avuto anch'io questo sospetto... Magari staranno insieme da mesi...

■ Sshhh. Guarda, Luca sta arrivando. Cambiamo discorso, va'!

Zum Gespräch passt Foto C.

▶ 08 3c Text / Lösung

1. ■ Ma che avrà Lucia di nuovo? Anche oggi non è al lavoro.
   ● Mah, sarà di nuovo malata.
2. ■ Quanti anni avrà il nuovo collega?
   ● Mah, avrà 28 anni.
3. ■ Quanto ci metteranno per andare a Milano?
   ● Mah, ci metteranno tre ore.
4. ■ Che cosa starà facendo Sabrina?
   ● Mah, starà facendo una pausa caffè.

B Sempre in viaggio!

B1 È un giro di 210 chilometri

▶ 09 **1a Hören Sie den Reise-Podcast und entscheiden Sie, welches Foto dazu passt.**

☐ itinerario in treno

☐ itinerario a piedi

☐ itinerario in bici

▶ 09 **1b Hören Sie den Reise-Podcast noch einmal und bringen Sie zunächst die Etappen der darin beschriebenen Route in die richtige Reihenfolge.**

	1b Itinerario	1c Cose da vedere / da fare?
☐	Otranto	
☐	Santa Maria di Leuca	
1	Lecce	*Si può fare una passeggiata*
☐	Gallipoli	
☐	Santa Cesarea Terme	
☐	Riserva Le Cesine	

▶ 09 **1c Hören Sie den Podcast so oft wie nötig, um in der Tabelle oben zu ergänzen, was es bei den Etappen zu sehen gibt bzw. was man dort machen kann.**

▶ 10 **1d Hören Sie nun die Fortsetzung des Reise-Podcasts. Worüber sprechen die beiden Moderatoren jetzt hauptsächlich?**

Nella seconda parte del podcast si parla di
☐ alloggi per cicloturisti. ☐ tipi di biciclette.

▶ 10 **1e Hören Sie den zweiten Teil des Podcasts noch einmal und kreuzen Sie an.**

1. In Italia ☐ quasi tutti gli alberghi ☐ sempre più alberghi sono attrezzati per il cicloturismo.
2. Gli alberghi "amici della bicicletta" non offrono
   ☐ un posto sicuro per la bici. ☐ gli attrezzi per riparare la bici.
   ☐ sauna e massaggi gratis. ☐ una colazione abbondante.
3. *Warm Showers* è una comunità online
   ☐ per tutti i viaggiatori. ☐ solo per i cicloturisti.
4. Il sito raccoglie iscritti provenienti ☐ da molti Paesi ☐ dall'Italia
   e permette di cercare un alloggio ☐ economico. ☐ gratuito.
5. Sul sito *Warm Showers* ☐ si possono ☐ non si possono leggere le recensioni lasciate dagli utenti.

▶ 11 **1f Die Moderatoren des Reise-Podcasts laden ihre Abonnenten ein, von ihren Reiseerlebnissen zu berichten. Sie haben sich dort gemeldet und werden nun für den Podcast interviewt. Beantworten Sie die Fragen über Ihre Reise an den Gardasee mithilfe des Beispiels hier unten sowie der Reiseroute samt Aktivitäten auf der folgenden Seite.**

Esempio

■ Eccoci insieme per una puntata di "Giramondo". Oggi parliamo di una vacanza sul Lago di Garda, ma lo facciamo dalla prospettiva tedesca, con un ospite / un'ospite. Dunque, come si arriva al Lago di Garda dalla Germania?

	Itinerario	Cose da vedere / da fare?
	prendere l'autostrada del Brennero e proseguire fino ad Affi	lungo il tragitto fare una sosta a Trento e visitare il Castello del Buonconsiglio

▲ Si prende l'autostrada del Brennero e si prosegue fino ad Affi. Lungo il tragitto si fa una sosta a Trento e si visita il Castello del Buonconsiglio.

■ Quindi si prende l'autostrada...

	Itinerario	Cose da vedere / da fare?
	uscire ad Affi e prendere la strada provinciale fino a Sirmione	visitare il Castello Scaligero e andare alle Grotte di Catullo
	da Sirmione dirigersi a ovest e proseguire fino a Salò	fare una passeggiata sul lungolago e prendere un pirlo, la versione bresciana dello spritz
	da Salò andare verso nord, in direzione di Riva del Garda – fermarsi a Gardone Riviera	visitare il Vittoriale, la casa di Gabriele D'Annunzio
	da qui proseguire per Limone del Garda e salire fino a Tignale	poter ammirare lo spettacolare panorama sul Lago di Garda

B1 È un giro di 210 chilometri

▶ 09 **1a Text / Lösung**

■ Eccoci ancora insieme per una nuova puntata del podcast "Giramondo". L'episodio di oggi è dedicato alle vacanze su due ruote. Vi parleremo infatti di una tendenza che ha preso piede anche da noi: il cicloturismo.

● Sempre più persone decidono di scoprire l'Italia in bici. Esistono infatti piste ciclabili davvero suggestive: alcune costeggiano il mare, altre corrono attraverso montagne, altre passano per borghi pittoreschi.

■ Oggi vogliamo proporvi un percorso adatto anche a cicloturisti meno esperti, cioè l'anello del Salento, in Puglia. Si tratta di un giro di circa 210 chilometri in una zona prevalentemente pianeggiante.

● Per questo itinerario si parte da Lecce. La città è ben collegata e la si raggiunge facilmente anche dal Nord Italia. Prima di partire, si può fare una passeggiata per il centro storico di Lecce, famoso per le sue chiese barocche, e si può visitare il Duomo.

■ Dopo una visita della città, si esce da Lecce e ci si dirige verso est, verso la Riserva Le Cesine, un'oasi protetta ideale per gli amanti della natura: si può fare un'escursione nella natura incontaminata oppure si può fare un bagno in spiaggia.

● Dalla Riserva Le Cesine si costeggia il mare e si scende verso sud fino a Otranto, uno dei borghi più belli d'Italia. Qui si può visitare la cattedrale di Santa Maria Annunziata, famosa per il suo pavimento a mosaico, e il Castello Aragonese. Questo tragitto è lungo circa 50 chilometri.

■ Sì, di solito le famiglie con bambini ci mettono due giorni, mentre viaggiatori giovani o ciclisti esperti possono percorrere questa tratta in un solo giorno.

● Successivamente, da Otranto si pedala verso Santa Maria di Leuca. È la parte dell'itinerario più impegnativa perché si passa da una zona pianeggiante a una zona collinare. Sulla strada per Santa Maria di Leuca si passa per Santa Cesarea Terme dove si può fare una pausa: si visitano le sorgenti termali e si ammirano bellissime case aristocratiche.

■ Dopo una pausa a Santa Cesarea Terme, si continua fino a Santa Maria di Leuca, la punta più meridionale del Salento e della Puglia. In questo punto si incontrano due mari, il mar Ionio e il mar Adriatico.

● E se si arriva verso sera, si ammira un tramonto molto suggestivo. Dunque, ricapitoliamo brevemente: si fa Otranto, poi Santa Cesarea Terme e infine Santa Maria di Leuca. Anche qui uno o due giorni.

- Esatto. Il giorno dopo si riprende a pedalare, questa volta verso nord. Si costeggiano alcuni lidi e ci si può fermare per un bagno nell'acqua cristallina. Infine, si arriva a Gallipoli dove si può visitare un castello antico, il Castello angioino, costruito in epoca bizantina.
- Quindi da Santa Maria di Leuca si continua fino a Gallipoli che è l'ultima tappa. Il giorno dopo si rientra a Lecce.

☒ itinerario in bici

▶ 09 1b / 1c Lösung

	1b Itinerario	1c Cose da vedere / da fare?
3	Otranto	*Si può visitare la cattedrale, famosa per il suo pavimento a mosaico, e il Castello Aragonese.*
5	Santa Maria di Leuca	*Si può ammirare un tramonto molto suggestivo.*
1	Lecce	*Si può fare una passeggiata per il centro storico di Lecce e si può visitare il Duomo.*
6	Gallipoli	*Si può visitare un castello antico, il Castello angioino, costruito in epoca bizantina.*
4	Santa Cesarea Terme	*Si possono visitare le sorgenti termali e si possono ammirare bellissime case aristocratiche.*
2	Riserva Le Cesine	*Si può fare un'escursione nella natura (incontaminata) oppure si può fare un bagno in spiaggia.*

▶ 10 **1d Text / Lösung**

■ Ma veniamo ora alla pianificazione della vacanza. Se si decide di viaggiare in bici, è necessario pensare bene al pernottamento.

● Sì, soprattutto per chi non è esperto, è importante cercare alloggi adatti per il cicloturismo. In questi anni sempre più alberghi si sono attrezzati per ospitare gruppi o singoli viaggiatori in bicicletta. Esiste anche un sito online che permette di trovare le strutture ricettive, gli alberghi o le pensioni che offrono servizi a favore dei ciclisti.

■ Questi alberghi sono definiti "bike friendly", ma in italiano possiamo dire che sono "amici della bicicletta". Offrono un posto sicuro dove lasciare la bici durante la notte, gli attrezzi per riparare la bici e una colazione abbondante la mattina.

● Una colazione abbondante è necessaria prima di partire per un lungo tragitto in bici... Sarebbe bello avere anche massaggi e sauna gratis, no?

■ Purtroppo non è un servizio che offrono al momento. Ma forse gli albergatori che ci ascoltano potranno accogliere la tua richiesta... Chissà!

● Ma naturalmente non tutti sono amanti di alberghi o pensioni. Per questo motivo vi vogliamo proporre un altro tipo di sistemazione interessante e soprattutto... gratuita!

■ Per i ciclisti che desiderano conoscere altre persone appassionate di bicicletta, il sito *Warm Showers* fa al caso loro. Si tratta di una comunità online dedicata solo ai cicloturisti che cercano un alloggio durante i loro viaggi su due ruote.

● Funziona un po' come il servizio di couchsurfing?

■ Esatto. È come il couchsurfing per chi viaggia su due ruote. Basta iscriversi sul sito di *Warm Showers* per offrire o cercare ospitalità. Gli iscritti mettono a disposizione gratuitamente una stanza oppure solo un posto letto e naturalmente una doccia calda. Il sito è una piattaforma internazionale e offre una mappa interattiva per cercare un alloggio nella località dove si viaggia.

● Sì, e una cosa molto importante da ricordare è che *Warm Showers* si basa molto sulla fiducia e su un sistema di recensioni. Sul sito è possibile leggere i commenti positivi o negativi degli utenti e decidere dove dormire.

Nella seconda parte del podcast si parla di ☒ alloggi per cicloturisti.

▶ 10 **1e Lösung**

1. In Italia ☒ sempre più alberghi sono attrezzati per il cicloturismo.
2. Gli alberghi "amici della bicicletta" non offrono ☒ sauna e massaggi gratis.
3. *Warm Showers* è una comunità online ☒ solo per i cicloturisti.
4. Il sito raccoglie iscritti provenienti ☒ da molti Paesi e permette di cercare un alloggio ☒ gratuito.
5. Sul sito *Warm Showers* ☒ si possono leggere le recensioni lasciate dagli utenti.

▶ 11 **1f Text / Lösung**

...

■ Quindi si prende l'autostrada del Brennero in direzione di Affi. E poi?

▲ Si esce ad Affi e si prende la strada provinciale fino a Sirmione. Qui si visita il Castello Scaligero e si va alle Grotte di Catullo.

■ Certo! Le Grotte di Catullo in realtà sono i resti di una lussuosa villa romana. E poi da Sirmione dove si va?

▲ Da Sirmione ci si dirige a ovest e si prosegue fino a Salò. Si fa una passeggiata sul lungolago e si prende un pirlo, la versione bresciana dello spritz.

■ Vero! Il pirlo è tipico di Brescia ed è molto simile allo spritz. La differenza è che nel pirlo c'è il vino bianco e non il prosecco. Bene, continuiamo il nostro viaggio sul Lago di Garda. Da Salò dove si va?

▲ Da Salò si va verso nord, in direzione di Riva del Garda. Ci si ferma a Gardone Riviera e qui si visita il Vittoriale, la casa di Gabriele D'Annunzio.

■ Il Vittoriale è un vero e proprio complesso di edifici, piazze, giardini... C'è anche un teatro all'aperto ed è assolutamente da vedere quando si è sul Lago di Garda. Da Gardone Riviera come continua il giro?

▲ Da qui si prosegue per Limone del Garda e si sale fino a Tignale. Qui si può ammirare lo spettacolare panorama sul Lago di Garda.

■ Grazie mille per averci portato con te in viaggio sul Lago di Garda. E ora continuiamo con...

B2 Ma vi era già successo l'ultima volta...

▶ 12 **2a Giulio berichtet von seiner letzten Urlaubsreise. Welche Zusammenfassung passt zu seiner Erzählung?**

☐ Giulio e Nicola hanno perso l'aereo e non sono arrivati a destinazione.

☐ Giulio e Nicola hanno preso l'aereo e sono arrivati a destinazione.

▶ 12 **2b Hören Sie Giulios Erzählung erneut und kreuzen Sie an.**

1. Nicola ha dimenticato ☐ di prendere il passaporto. ☐ di mettere la sveglia.
2. In tangenziale ☐ c'erano dei lavori. ☐ c'era un incidente.
3. Al controllo di sicurezza Nicola e Giulio
   ☐ hanno dovuto aspettare molto. ☐ non hanno avuto problemi.
4. All'aeroporto hanno saputo che il volo
   ☐ aveva un ritardo di qualche ora. ☐ era stato cancellato.

▶ 12 **2c Vervollständigen Sie nun das Gespräch mit den folgenden Ausdrücken. Hören Sie anschließend zur Kontrolle.**

Non mi dire che • No, non ci credo! • E poi? • Dai, racconta! • in effetti • Poveri voi! • Oddio!

■ Allora, Giulio, com'è andato il tuo viaggio in Turchia?

● È stato un viaggio... da dimenticare o... indimenticabile, come preferisci. È successo di tutto.

■ Che è successo? ______________________

● Guarda, è andato tutto un po' male. Soprattutto l'inizio è stato un disastro. Il giorno della partenza io e Nicola ci siamo svegliati in ritardo.

■ ______________________ Ma vi era già successo l'ultima volta...

● Lascia perdere. Questa volta la sveglia non è suonata, o meglio, Nicola aveva dimenticato di mettere la sveglia e ci siamo alzati solo due ore prima del volo. Così abbiamo dovuto prendere un taxi per arrivare in aeroporto. E proprio quel giorno c'erano dei lavori in tangenziale...

■ ______________________ siete rimasti imbottigliati nel traffico e avete perso l'aereo...

- ● No, fortunatamente no. Nonostante la coda, siamo riusciti ad arrivare in tempo: abbiamo fatto il check-in e abbiamo superato i controlli di sicurezza. Tutto sembrava andare bene... Ma proprio quando stavamo per arrivare al gate, ci hanno informati che il volo subiva un ritardo di quattro ore.

- ■ Ahah!

  ______________________ Beh, almeno avete dormito un po' di più quel giorno. Certo, quattro ore di ritardo sono una scocciatura, ma sono cose che capitano, no?

- ● Sì, beh, ______________________ è stato solo un piccolo imprevisto. Quelle quattro ore sono volate velocemente. Mentre aspettavamo, abbiamo fatto un giro per i negozi, abbiamo mangiato qualcosa, abbiamo guardato una serie televisiva...

- ■ ______________________ Siete riusciti a prendere l'aereo?
- ● Sì, alla fine siamo arrivati a destinazione nel primo pomeriggio. Appena siamo atterrati, però, ci aspettava già un'altra piccola disavventura.

- ■ ______________________ La valigia non è arrivata a destinazione?

▶ 13 **2d Hören Sie nun die Fortsetzung des Gesprächs: Was war das nächste Problem?**

All'atterraggio Giulio ha avuto problemi con...

☐ la foto del passaporto. ☐ la scadenza del passaporto. ☐ un timbro sul passaporto.

▶ 13 **2e Hören Sie die Fortsetzung erneut. Welche Aussagen dazu sind richtig und welche falsch?**

	vero	falso
1. Al controllo biometrico il cancello si è aperto.	☐	☐
2. I due agenti di polizia sembravano simpatici e parlavano inglese.	☐	☐
3. Un agente di polizia ha interrogato Giulio per 45 minuti.	☐	☐
4. Nella foto del passaporto Giulio aveva i capelli lunghi e la barba.	☐	☐
5. Il sistema di riconoscimento biometrico ha scambiato Giulio per un criminale.	☐	☐
6. Alla fine l'agente di polizia non si è scusato con Giulio.	☐	☐

▶ 12/13 **2f Hören Sie die gesamte Unterhaltung (Track 12 und Track 13) erneut. Welche(n) der folgenden Ausdrücke verwendet man, um ...**

(E) ci credo! • Ma roba da matti! • E poi? • È successo che... • Ma stai scherzando? • Fra l'altro... • Insomma... • Poveri voi! • Non mi dire che... • No, non ci credo! • Oddio! • Dai, racconta!

1. ... eine Erzählung / einen Bericht zu beginnen: ______________________
2. ... jemanden aufzufordern, etwas zu erzählen: ______________________
3. ... eine Antwort / Aussage vorwegzunehmen: ______________________
4. ... zu fragen, was dann passiert ist: ______________________
5. ... zusätzliche relevante Informationen hinzuzufügen: ______________________
6. ... Erstaunen und Überraschung über das Gehörte auszudrücken: ______________________

   ____
7. ... Mitgefühl auszudrücken: ______________________
8. ... eine Schlussfolgerung einzuleiten: ______________________

▶ 14 **2g Reagieren Sie nun mithilfe der Ausdrücke aus Übung 2f passend auf Chiaras Reisebericht. Sie beginnen das Gespräch wie im Beispiel angegeben.**

Esempio

▲ Allora, Chiara, com'è andato il viaggio in Portogallo?

◆ Non me lo chiedere neanche... È successo di tutto.

▲ ...

1. Sie fordern Chiara zum Erzählen auf.
2. Sie sind erstaunt und fragen, was dann passiert ist.
3. Sie nehmen die Antwort vorweg und denken, dass sie den Koffer verloren haben.
4. Sie sind erstaunt und fragen, was dann passiert ist.
5. Sie zeigen Mitgefühl.

B2 Ma vi era già successo l'ultima volta...

▶ 12 **2a Lösung**

☒ Giulio e Nicola hanno preso l'aereo e sono arrivati a destinazione.

▶ 12 **2b Lösung**

1. Nicola ha dimenticato ☒ di mettere la sveglia.
2. In tangenziale ☒ c'erano dei lavori.
3. Al controllo di sicurezza Nicola e Giulio ☒ non hanno avuto problemi.
4. All'aeroporto hanno saputo che il volo ☒ aveva un ritardo di qualche ora.

▶ 12 **2c Text / Lösung**

■ Allora, Giulio, com'è andato il tuo viaggio in Turchia?

● È stato un viaggio... da dimenticare o... indimenticabile, come preferisci. È successo di tutto.

■ Che è successo? *Dai, racconta!*

● Guarda, è andato tutto un po' male. Soprattutto l'inizio è stato un disastro. Il giorno della partenza io e Nicola ci siamo svegliati in ritardo.

■ *No, non ci credo!* Ma vi era già successo l'ultima volta...

● Lascia perdere. Questa volta la sveglia non è suonata, o meglio, Nicola aveva dimenticato di mettere la sveglia e ci siamo alzati solo due ore prima del volo. Così abbiamo dovuto prendere un taxi per arrivare in aeroporto. E proprio quel giorno c'erano dei lavori in tangenziale...

■ *Non mi dire che* siete rimasti imbottigliati nel traffico e avete perso l'aereo...

● No, fortunatamente no. Nonostante la coda, siamo riusciti ad arrivare in tempo: abbiamo fatto il check-in e abbiamo superato i controlli di sicurezza. Tutto sembrava andare bene... Ma proprio quando stavamo per arrivare al gate, ci hanno informati che il volo subiva un ritardo di quattro ore.

■ Ahah! *Poveri voi!* Beh, almeno avete dormito un po' di più quel giorno. Certo, quattro ore di ritardo sono una scocciatura, ma sono cose che capitano, no?

● Sì, beh, *in effetti* è stato solo un piccolo imprevisto. Quelle quattro ore sono volate velocemente. Mentre aspettavamo, abbiamo fatto un giro per i negozi, abbiamo mangiato qualcosa, abbiamo guardato una serie televisiva...

■ *E poi?* Siete riusciti a prendere l'aereo?

● Sì, alla fine siamo arrivati a destinazione nel primo pomeriggio. Appena siamo atterrati, però, ci aspettava già un'altra piccola disavventura.

■ *Oddio!* La valigia non è arrivata a destinazione?

▶ 13 **2d Text / Lösung**

- Dunque... è successo che dopo l'atterraggio ci siamo diretti verso il controllo dei passaporti. Sai che ora il controllo avviene con il passaporto biometrico, no?
- Certo. Si mette il passaporto su uno scanner, c'è una telecamera che ti guarda... e se il tuo viso corrisponde alla foto del passaporto, allora il cancelletto si apre e puoi passare...
- Ecco, io ho messo il passaporto sullo scanner, ho tolto gli occhiali e mi sono messo davanti al cancello. Ho guardato nella telecamera e... niente, non è successo niente.
- Ah, quindi il cancello non si è aperto?!
- Esatto. Ho aspettato e aspettato, ma nulla! Nel frattempo, dietro di me la gente aspettava impaziente di poter passare il controllo. Una figuraccia!
- E poi?
- E poi sono arrivati due agenti di polizia con un'aria molto seria, quasi minacciosa, veramente poco simpatica. Fra l'altro non parlavano inglese, quindi all'inizio non sapevo che cosa volessero. Poi uno di loro ha indicato una direzione e ho capito che dovevo seguirli.
- Ma stai scherzando? E dove ti hanno portato?
- Mi hanno portato in una stanza e mi hanno lasciato da solo per 15–20 minuti. Ero terrorizzato.
- E ci credo!
- Alla fine è arrivato un agente di polizia e mi ha interrogato. Ha iniziato a farmi un sacco di domande sulla mia provenienza, sul mio lavoro, ma soprattutto sulla foto del passaporto. Sono rimasto altri 45 minuti in quella stanzetta e ho dovuto rispondere a domande assurde.
- Scusa, ma qual era il problema? Tu mica sei un criminale...
- Eh, aspetta... La foto del passaporto è di qualche anno fa. Allora, avevo i capelli lunghi e non portavo la barba come oggi.
- Ah, quindi la telecamera del controllo biometrico non ha riconosciuto il tuo viso perché oggi porti la barba e hai i capelli corti?
- Non solo. Il sistema di riconoscimento facciale ha trovato una certa somiglianza tra il mio viso e quello di un criminale ricercato a livello internazionale.

- ■ Insomma, sei stato scambiato per un criminale! Ma roba da matti! E come hai risolto la situazione?
- ● L'agente di polizia ha fatto un giro di chiamate, ha verificato la mia identità presso l'ambasciata italiana ad Ankara e ha chiarito la situazione. E poi, niente... si è scusato e mi ha lasciato andare... Erano le undici di sera ed ero stravolto.
- ■ Madonna, Giulio, tutte a te capitano!

All'atterraggio Giulio ha avuto problemi con ☒ la foto del passaporto.

▶ 13 2e Lösung

	vero	falso
1. Al controllo biometrico il cancello si è aperto.	☐	☒
Il cancello non si è aperto.		
2. I due agenti di polizia sembravano simpatici e parlavano inglese.	☐	☒
I due agenti di polizia avevano un'aria seria e minacciosa e non parlavano inglese.		
3. Un agente di polizia ha interrogato Giulio per 45 minuti.	☒	☐
4. Nella foto del passaporto Giulio aveva i capelli lunghi e la barba.	☐	☒
Nella foto del passaporto Giulio aveva i capelli lunghi, ma non aveva la barba.		
5. Il sistema di riconoscimento biometrico ha scambiato Giulio per un criminale.	☒	☐
6. Alla fine l'agente di polizia non si è scusato con Giulio.	☐	☒
L'agente di polizia si è scusato con Giulio.		

▶ 12/13 2f Lösung

1. *È successo che...*
2. *Dai, racconta!*
3. *Non mi dire che...*
4. *E poi?*
5. *Fra l'altro...*
6. *Ma stai scherzando?; Ma roba da matti!; No, non ci credo!; Oddio!*
7. *Poveri voi!; (E) ci credo!*
8. *Insomma...*

▶ 14 **2g Text / Lösung**

▲ Allora, Chiara, com'è andato il viaggio in Portogallo?

◆ Non me lo chiedere neanche... È successo di tutto.

▲ Dai, racconta!

◆ Guarda, è andato tutto un po' male. Soprattutto l'inizio è stato un disastro perché l'aereo aveva un ritardo di tre ore...

▲ Oddio! / Ma stai scherzando? E poi?

◆ Per fortuna, quelle tre ore sono passate velocemente. Mentre aspettavamo, abbiamo fatto un giro per i negozi e abbiamo mangiato qualcosa. Alla fine siamo arrivati a Lisbona, ma appena siamo atterrati, ci aspettava un'altra sorpresa...

▲ Non mi dire che avete perso la valigia...

◆ No, questo no, ma abbiamo avuto un problema con la prenotazione della macchina a noleggio e abbiamo dovuto aspettare altre due ore prima di poter lasciare l'aeroporto.

▲ Non ci credo! E poi?

◆ Abbiamo preso la macchina e siamo andati in un albergo vicino all'aeroporto. Ormai era mezzanotte ed era troppo tardi per continuare il viaggio fino a Lagos. Purtroppo non c'erano stanze libere e così abbiamo dormito in macchina, nel parcheggio dell'albergo!

▲ Poveri voi!

◆ Eh, lo so. Comunque, il giorno dopo sono cominciate le vere vacanze...

B3 Desidererei ricevere un rimborso!

▶ 15 **3a Carla und Tommaso haben bei der Ankunft in ihrer Ferienwohnung ein Problem. Welches Foto passt zum Dialog?**

▶ 15 **3b Hören Sie noch einmal und entscheiden Sie, welche Hinweise Carla und Tommaso in der Wohnung für das Problem aus 3a finden.**

☐ cavo rosicchiato ☐ zucchero sul pavimento ☐ cattivo odore

☐ pasta rovesciata negli scaffali ☐ macchie sulle pareti ☐ strani rumori

▶ 16 **3c Tommaso ruft am nächsten Tag den Besitzer der Wohnung an und beschwert sich. Hören Sie zu und entscheiden Sie, wie das Telefonat endet.**

Il proprietario dell'appartamento e Tommaso ☐ trovano ☐ non trovano un compromesso per risolvere il problema.

▶ 16 **3d Hören Sie das Telefonat noch einmal. Welche Aussagen dazu sind richtig, welche falsch?**

	vero	falso
1. Carla ha dormito sul divano perché aveva paura dei topi.	☐	☐
2. Tommaso suggerisce di mettere delle trappole chimiche.	☐	☐
3. Tommaso e la moglie possono mangiare in un ristorante non lontano.	☐	☐
4. Tommaso può cancellare la prenotazione e ricevere un rimborso.	☐	☐
5. Il proprietario propone un upgrade gratuito.	☐	☐

▶ 16 **3e Hören Sie das Telefonat erneut und entscheiden Sie, welche(n) der folgenden Ausdrucke man gebraucht, um ...**

Mi dispiace tantissimo... • Ci mancherebbe altro! • Ma roba da matti! • Preferirei cancellare la prenotazione. • Desidererei ricevere un rimborso. • Guardi, mi dispiace. • La chiamo per... • Trovo tutto ciò inammissibile. • Non so come sia possibile.

1. den Grund für einen Anruf einzuleiten: ______
2. Empörung auszudrücken: ______
3. eine Reservierung zu stornieren: ______
4. um eine Rückerstattung zu bitten: ______
5. sich zu entschuldigen: ______

▶ 17 **3f Sie sind gerade in Ihrer Ferienwohnung in Italien angekommen und es gibt ein paar Probleme. Sie rufen den Besitzer der Wohnung an und beschweren sich. Übernehmen Sie die Rolle ◆ und führen Sie das Telefonat mithilfe der Angaben.**

▲ Pronto?

Sie grüßen und stellen sich mit Vor- und Nachnamen vor. Sie sagen, dass Sie anrufen, um ein paar Probleme in der Wohnung zu melden.

◆ *Pronto, buongiorno. Sono* ______

▲ Prego, mi dica. Che succede?

Sie haben die Wohnung sehr schmutzig vorgefunden. Das Badezimmer ist nicht sehr sauber, die Bettwäsche hat merkwürdige Flecken (= strane macchie). Und in der Küche ist Schimmel (= la muffa) an den Wänden. Sie sind wirklich sehr enttäuscht.

◆ ______

▲ Mi dispiace tantissimo. Non so come sia possibile. Purtroppo sono già le sei di sera, ma domani mattina Le mando subito il servizio di pulizia.

Sie fragen den Besitzer, ob er in der Zwischenzeit etwas machen kann.

◆ ______

▲ Nel frattempo non posso fare molto.

Sie finden das alles unzumutbar (= inammissibile). Ein Haus mit Schimmel an den Wänden ist wirklich keine gesunde Umgebung (= ambiente). Außerdem ist es unhygienisch, in einem Bett mit schmutziger Bettwäsche zu schlafen.

◆ ______________________________

▲ Guardi, mi dispiace. Le posso portare un paio di lenzuola pulite e posso rifarLe il letto io.

Sie sagen, dass das Problem mit dem Schimmel doch bestehen bleibt. Sie fragen, ob es möglich wäre, eine andere Unterkunft zu bekommen.

◆ ______________________________

▲ Purtroppo no. Siamo in piena stagione estiva e gli altri appartamenti della stessa categoria sono occupati fino a domenica prossima...

Sie möchten die Buchung nun gerne stornieren und eine Rückerstattung erhalten.

◆ ______________________________

▲ Purtroppo è possibile cancellare la prenotazione solo fino a due giorni prima dell'arrivo. Quindi non posso rimborsarLe i soldi.

Sie sind empört und fragen den Besitzer, was er vorschlägt. Sie machen deutlich, dass Sie nicht dort bleiben wollen.

◆ ______________________________

▲ Aspetti un secondo... Dunque, ho ancora un appartamento libero nella categoria superiore. È una sistemazione di lusso che costa 150€ al giorno ma, viste le condizioni, Le posso fare un upgrade gratuito. Che ne pensa?

Für Sie ist das in Ordnung. Sie haben nicht vor, noch mehr Geld auszugeben.

◆ ______________________________

B3 Desidererei ricevere un rimborso!

▶ 15 **3a Text / Lösung**

■ Mamma mia, che stanchezza. Dopo dodici ore di auto sono distrutto.

● Ma finalmente siamo arrivati e la vacanza nel nostro appartamentino può cominciare.

■ Dai, diamo un'occhiata e vediamo se è tutto in ordine e poi andiamo a dormire.

...

■ Dunque... la camera da letto è in ordine...

● Sì, anche il bagno è pulito. Vediamo la cucina.

...

● Oddio, ma qui che è successo? Che disastro! Ma è farina?

■ No, è zucchero. Guarda, gli ospiti prima di noi hanno lasciato un pacchetto aperto sul tavolo, è caduto e lo zucchero è finito tutto sul pavimento.

● Bah, però mi sembra strano. Un pacchetto di zucchero non cade da solo... E guarda quest'armadietto: c'è pasta ovunque e il pacco è vuoto.

■ Mhmm, davvero strano.

● C'è anche uno strano odore...

■ Beh, più che odore è proprio puzza.

● Ssh. Ho sentito degli strani rumori... Li senti anche tu?

■ Oddio, ma che sarà?

● Sembra che qualcuno stia cercando di entrare... I rumori sembrano provenire da questa parte, dalla dispensa... vediamo... ahhh, un topo!

■ No, sono due... anzi, no, tre! E adesso?

Zum Dialog passt Foto C.

▶ 15 **3b Lösung**

☒ zucchero sul pavimento

☒ pasta rovesciata negli scaffali

☒ cattivo odore

☒ strani rumori

▶ 16 **3c Text / Lösung**

▲ Pronto?

■ Pronto, buongiorno. Sono Tommaso Paredi, l'ospite dell'appartamento 3C.

▲ Ah, buongiorno! Allora, come va? Avete dormito bene ieri sera?

■ No, per nulla. La chiamo per segnalare un grave problema in casa e siamo abbastanza delusi.

▲ Prego, mi dica. Che succede?

■ Ieri sera al nostro arrivo abbiamo trovato dei... coinquilini poco piacevoli. In casa ci sono tre topi che girano indisturbati tra la cucina e la dispensa.

▲ Ma sta scherzando?

■ Le sembra che stia scherzando? Guardi, mia moglie ha la fobia dei topi. Non è riuscita a chiudere occhio perché li sentiva rosicchiare. Pensi che alle tre di notte, per la disperazione, ha deciso di andare a dormire in auto.

▲ Mi dispiace tantissimo. Non so come sia possibile. Chiamo subito la disinfestazione. Però oggi è sabato e sicuramente non è possibile prendere un appuntamento per lunedì mattina.

■ E nel frattempo può fare qualcosa?

▲ Nel frattempo non posso fare molto purtroppo. Possiamo cercare il buco da cui sono entrati e mettere delle trappole chimiche in cucina e in dispensa.

■ Trovo tutto ciò inammissibile. Non è molto igienico avere i topi in casa: sono portatori di malattie che si possono trasmettere facilmente all'uomo. E non mi sembra sano avere delle trappole chimiche in casa. Dobbiamo cucinare con il veleno dei topi sui mobili della cucina?

▲ Guardi, mi dispiace. In questi giorni potete usufruire del servizio di ristorazione presso il ristorante "La quercia" a pochi metri dal bilocale. Il proprietario conosce la nostra agenzia, quindi per il conto ci pensiamo noi.

■ Ci mancherebbe altro! Comunque, il problema rimane. Come Le dicevo, mia moglie è terrorizzata. Sarebbe possibile ottenere un'altra sistemazione?

▲ Purtroppo no. Siamo in piena stagione estiva e gli altri appartamenti della stessa categoria sono occupati fino a domenica prossima...

■ Allora preferirei cancellare la prenotazione e desidererei ricevere un rimborso.

▲ Purtroppo è possibile cancellare la prenotazione solo fino a due giorni prima dell'arrivo. Quindi non posso rimborsarLe i soldi.

■ Ma roba da matti! E cosa propone allora? Devo trascorrere le vacanze con i topi?

▲ Aspetti un secondo... Dunque, ho ancora un appartamento libero nella categoria superiore, è un trilocale con piscina e vista mare. È una sistemazione di lusso che costa 150 € al giorno ma, viste le condizioni, Le posso fare un upgrade gratuito. Che ne pensa?

■ Per me va bene. L'importante è che l'upgrade sia davvero gratuito e non debba spendere altri soldi...

Il proprietario di casa e Tommaso ☒ trovano ☐ un compromesso per risolvere il problema.

▶ 16 3d Lösung

		vero	falso
1.	Carla ha dormito sul divano perché aveva paura dei topi. *Carla ha deciso di dormire in auto.*	☐	☒
2.	Tommaso suggerisce di mettere delle trappole chimiche. *Il proprietario propone di mettere delle trappole chimiche.*	☐	☒
3.	Tommaso e la moglie possono mangiare in un ristorante non lontano.	☒	☐
4.	Tommaso può cancellare la prenotazione e ricevere un rimborso. *È possibile cancellare la prenotazione solo fino a due giorni prima dell'arrivo, quindi Tommaso non può cancellare la prenotazione e ricevere un rimborso.*	☐	☒
5.	Il proprietario propone un upgrade gratuito.	☒	☐

▶ 16 3e Lösung

1. *La chiamo per...*
2. *Ma roba da matti!; Trovo tutto ciò inammissibile.; Ci mancherebbe altro!*
3. *Preferirei cancellare la prenotazione.*
4. *Desidererei ricevere un rimborso.*
5. *Mi dispiace tantissimo...; Guardi, mi dispiace.; Non so come sia possibile.*

17 **3f Text / Lösung**

▲ Pronto?

◆ Pronto, buongiorno. Sono *Ihr Vor- und Nachname*. La chiamo per segnalare un paio di problemi nell'appartamento.

▲ Prego, mi dica. Che succede?

◆ Abbiamo trovato / Ho trovato l'appartamento molto sporco. Il bagno non è molto pulito, le lenzuola hanno delle strane macchie. E nella cucina / in cucina c'è la muffa sulle pareti. Siamo veramente / Sono veramente molto delusi / deluso / delusa.

▲ Mi dispiace tantissimo. Non so come sia possibile. Purtroppo sono già le sei di sera, ma domani mattina Le mando subito il servizio di pulizia.

◆ E nel frattempo può fare qualcosa?

▲ Nel frattempo non posso fare molto.

◆ Trovo tutto ciò inammissibile. Una casa con la muffa alle pareti non è davvero un ambiente sano. Inoltre, non è igienico dormire in un letto con lenzuola sporche.

▲ Guardi, mi dispiace. Le posso portare un paio di lenzuola pulite e posso rifarLe il letto io.

◆ Il problema con la muffa comunque rimane. Sarebbe possibile ottenere un'altra sistemazione?

▲ Purtroppo no. Siamo in piena stagione estiva e gli altri appartamenti della stessa categoria sono occupati fino a domenica prossima...

◆ Allora preferirei cancellare la prenotazione e desidererei ricevere un rimborso.

▲ Purtroppo è possibile cancellare la prenotazione solo fino a due giorni prima dell'arrivo. Quindi non posso rimborsarLe i soldi.

◆ Ma roba da matti! E cosa propone? Qui non ci vogliamo / voglio rimanere. / Qui non vogliamo / voglio rimanerci.

▲ Aspetti un secondo... Dunque, ho ancora un appartamento libero nella categoria superiore. È una sistemazione di lusso che costa 150 € al giorno ma, viste le condizioni, Le posso fare un upgrade gratuito. Che ne pensa?

◆ Per me va bene. Non ho intenzione di spendere altri soldi.

C Sono i giovani di oggi!

C1 Sei troppo drastica!

▶ 18 **1a Hören Sie die Diskussion zwischen Lucia, ihrer Mutter Pia und ihrem Sohn Gianluca. Vervollständigen Sie dann die folgende Zusammenfassung mit der jeweils passenden Option.**

1. La conversazione si svolge ☐ a colazione. ☐ all'ora di cena.
2. Lucia e Pia parlano ☐ dei progressi tecnologici. ☐ delle differenze tra i giovani di ieri e di oggi.
3. Lucia e Pia hanno ☐ opinioni diverse ☐ la stessa opinione sul tema.

▶ 18 **1b Hören Sie die Diskussion erneut und entscheiden Sie, wer welche Meinung vertritt: Lucia (L) oder Pia (P). Attenzione: Einmal haben beide die gleiche Meinung!**

____ La famiglia si riuniva sempre a cena per parlare e stare insieme.

____ La tecnologia ha rovinato i rapporti tra le persone.

__P__ I giovani fanno videochiamate perché non sanno comunicare dal vivo.

____ I giovani di oggi si esprimono più liberamente.

____ Una volta i giovani erano impegnati nel sociale, oggi non hanno più valori.

____ Oggi i giovani sono attenti all'ambiente e sono altruisti.

▶ 18 **1c Hören Sie noch einmal und ergänzen Sie, wo möglich, hier und auf Seite 43 oben die Ausdrücke, die Lucia und Pia verwenden, um ...**

1. die eigene Meinung zu äußern: ____________________
2. Zustimmung auszudrücken: ____________________
   ____
3. Uneinigkeit zu signalisieren: ____________________
   ____

4. Zweifel und Unsicherheit zu äußern: ______________________________

____

1d Ergänzen Sie nun diese Ausdrücke bei Übung 1c.

sono del tuo stesso avviso • scusa, ma devo obiettare... • sinceramente mi sembra strano • anch'io la penso così

▶ 19 **1e Sie hören nun verschiedene Meinungen über die Jugend von heute. Reagieren Sie jeweils mithilfe der folgenden Angaben darauf.**

Esempio

■ Prima i giovani si incontravano sotto casa o al bar del paese. Oggi, invece, preferiscono passare il loro tempo in casa.

● Anch'io la penso così. Oggi i giovani si incontrano troppo spesso a casa per guardare insieme le loro serie televisive preferite o giocare ai videogiochi.

0. **Sie stimmen zu:** heute treffen sich die jungen Leute zu oft zu Hause, um ihre Lieblingsserie zusammen anzusehen oder Videospiele zu spielen

1. **Sie stimmen nicht zu:** auch heute sind die Jugendlichen romantisch: sie schicken kreative Videos, schreiben Lieder für ihren Freund / ihre Freundin, organisieren Überraschungen mithilfe *(= con l'aiuto di)* der sozialen Medien

2. **Sie stimmen zu:** die jungen Leute sind heute Digital Natives *(= nativi digitali)*: mit vier Jahren spielen die Kinder schon auf dem Tablet der Eltern und mit acht Jahren können sie schon alleine Nachrichten verschicken

3. **Sie stimmen nicht zu:** die jungen Leute sind nach wie vor *(= ancora)* an der Schule und an ihrer Zukunft interessiert; sie nutzen das Internet, um schnell Informationen zu finden; sie stellen sie aber infrage *(= metterle in discussione)* und recherchieren die Quellen

4. **Sie drücken Zweifel und Unsicherheit aus:** auch heute respektieren die Kinder ihre Eltern; die Eltern sind aber empathischer und achten besonders auf die Bedürfnisse *(= essere particolarmente attenti ai bisogni)* und die Träume ihrer Kinder

C1 Sei troppo drastica!

▶ 18 **1a Text / Lösung**

■ Gianluca, vuoi smettere di usare quel cellulare? Almeno quando siamo a tavola, per favore.

● Nonna Pia, un secondo... Devo finire di caricare un video su una piattaforma social.

■ Un video? Ma siamo ancora a tavola! Senti, Lucia, non dici nulla?

▲ Mamma, cosa vuoi che gli dica? Sono i giovani di oggi.

■ Beh, tu non eri così. E io neppure...

● Ma nonna... sono passati dei secoli! Quando eri giovane tu, non esistevano neanche i cellulari e Internet. Dai, faccio una videochiamata veloce e torno per il dolce. Ci vediamo dopo...

■ Ma pensa un po'... Una volta all'ora di cena la famiglia si riuniva sempre per stare insieme e per parlare della giornata. E i giovani partecipavano alla conversazione. Oggi, invece, a tavola non parlano e sono tutti intenti a scrivere e giocare con il cellulare.

▲ Su questo ti do ragione. A casa nostra tu e papà eravate molto severi e rigorosi: non si poteva guardare la TV durante i pasti. La cena era un momento di convivialità, in cui stavamo tutti insieme e parlavamo molto.

■ Secondo me, tutta questa tecnologia ha rovinato i rapporti sociali e il modo di socializzare tra le persone. Una volta i giovani si riunivano nella piazza del paese o in altri centri di aggregazione. Si ritrovavano nel cortile della chiesa o in un centro sportivo per giocare a calcio o a pallavolo.

▲ Beh, per me sei troppo drastica. Oggi i giovani hanno altri modi di incontrarsi e divertirsi. Internet è diventato la piazza dove conoscersi, chiacchierare e stare insieme virtualmente. Giocano con i videogiochi online, passano il tempo sui social media e s'inviano video, come Gianluca. Fanno anche feste online.

■ In che senso, scusa?

▲ Ma certo. C'è una app che ti permette di fare videochiamate di gruppo. Fino a otto persone che comunicano insieme nella stessa chiamata.

■ Pensa che caos. Non si capirà nulla. Quando avevo sedici anni io, si usava il telefono, ma solo per chiamate brevi, anche perché costava... Ci si incontrava all'aria aperta e si parlava a tu per tu. Adesso, invece, fanno le videochiamate perché non sanno comunicare dal vivo.

▲ Mi dispiace, mamma, ma la penso diversamente. La generazione di oggi è molto più aperta. I giovani sanno esprimere più liberamente le loro emozioni. Io ero molto più chiusa e riservata alla loro età.

- ■ Bah, sarà come dici tu... ma non ne sono convinta. Alla mia età i giovani erano impegnati nel sociale e organizzavano manifestazioni. Io ero sempre in prima fila quando c'era una protesta o uno sciopero. Oggi i giovani sembrano non avere più valori. Sono superficiali e solo attenti alle ultime tendenze.
- ▲ Non sono per niente d'accordo. Gianluca e i suoi amici sono pieni di entusiasmo e sono pronti a mettersi in gioco. Non sono superficiali, sono altruisti e hanno valori: per esempio, sono attenti all'ambiente e al cambiamento climatico.
- ■ Eh no, mia cara. Non ci sono più i giovani di una volta.
- ▲ Non esageriamo! Ogni generazione è caratterizzata da comportamenti diversi nei confronti della vita. E poi è sempre così: le generazioni precedenti si lamentano delle generazioni attuali. La nonna Teresa, tua madre, non sopportava il tuo stile da figlia dei fiori. O sbaglio?
- ■ Sì, vabbè, ma che c'entra! Dai, chiamiamo Gianluca, che il dolce è in tavola...

1. La conversazione si svolge ☒ all'ora di cena.
2. Lucia e Pia parlano ☒ delle differenze tra i giovani di ieri e di oggi.
3. Lucia e Pia hanno ☒ opinioni diverse sul tema.

▶ 18 1b Lösung

L/P La famiglia si riuniva sempre a cena per parlare e stare insieme.

P La tecnologia ha rovinato i rapporti tra le persone.

P I giovani fanno videochiamate perché non sanno comunicare dal vivo.

L I giovani di oggi si esprimono più liberamente.

P Una volta i giovani erano impegnati nel sociale, oggi non hanno più valori.

L Oggi i giovani sono attenti all'ambiente e sono altruisti.

▶ 18 1c / 1d Lösung

1. die eigene Meinung äußern: *per me…; secondo me…*
2. Zustimmung ausdrücken: *su questo ti do ragione; anch'io la penso così; sono del tuo stesso avviso*
3. Uneinigkeit signalisieren: *non sono per niente d'accordo; la penso diversamente; non esageriamo!; scusa, ma devo obiettare…; eh no*
4. Zweifel und Unsicherheit äußern: *sarà come dici tu, ma non ne sono convinta; sinceramente mi sembra strano*

▶ 19 1e Lösung

1. ▲ Secondo me, oggi i giovani non sanno cos'è il romanticismo. Una volta si scrivevano lunghe lettere e ci si emozionava guardandosi negli occhi. Il corteggiamento era una cosa seria!

   ● Non sono per niente d'accordo. / La penso diversamente. / Non esageriamo. / Scusa, ma devo obiettare! Anche oggi i giovani sono romantici: inviano / mandano video creativi, scrivono canzoni per il loro ragazzo / la loro ragazza, organizzano sorprese con l'aiuto dei social media.

2. ■ I giovani di oggi hanno un rapporto diverso con la tecnologia e l'apprendimento.

   ● Su questo ti do ragione. / Anch'io la penso così: i giovani di oggi sono nativi digitali. A quattro anni i bambini giocano già sul tablet dei genitori e a otto anni sanno mandare messaggi / messaggini / messaggi di testo da soli.

3. ▲ Io insegno da 30 anni in un liceo. Prima i ragazzi erano attenti e diligenti. Oggi sono pigri, studiano poco e non pensano con la loro testa. Internet è diventato il loro unico strumento per informarsi.

   ● Non sono per niente d'accordo. / La penso diversamente. / Non esageriamo. / Scusa, ma devo obiettare! I giovani sono ancora interessati alla scuola e al loro futuro. Usano Internet per trovare le informazioni velocemente, ma le mettono in discussione e ricercano le fonti.

4. ■ Anche il rapporto tra genitori e figli è cambiato. Prima i giovani portavano rispetto ai genitori, li vedevano come figure autorevoli. Oggi, invece, i ragazzi li considerano come i loro amici.

   ● Non ne sono convinto / convinta. Anche oggi i figli rispettano i (loro) genitori. I genitori, però, sono più empatici e sono particolarmente attenti ai bisogni e ai sogni dei loro bambini.

C2 Per me il concetto di famiglia è...

▶ 20 **2a Eine Reporterin ist auf der Hochzeitsmesse „Roma Sposi“ unterwegs. Hören Sie die Interviews mit drei Messegästen und entscheiden Sie, zu wem welches Familienbild passt.**

☐ donna
☐ primo uomo
☐ secondo uomo

☐ donna
☐ primo uomo
☐ secondo uomo

▶ 20 **2b Hören Sie die Interviews noch einmal und ergänzen Sie die Sätze mit der passenden Option.**

1. La prima coppia ☐ vuole ☐ non vuole sposarsi.
2. L'uomo e la donna sono fidanzati da ☐ sette anni. ☐ otto anni.
3. L'uomo e la donna ☐ non hanno mai convissuto. ☐ convivono da tre anni.
4. Il secondo uomo ☐ non è mai stato sposato. ☐ è già stato sposato con una donna.
5. Il secondo uomo si è unito civilmente al suo compagno ☐ due mesi fa. ☐ due anni fa.

▶ 20 **2c Hören Sie die Interviews noch einmal: Wer denkt was?**

Pensa che...	**donna**	**primo uomo**	**secondo uomo**
1. la famiglia sia composta da un uomo, una donna e dai figli.	☐	☐	☐
2. il significato di famiglia cambi nel tempo.	☐	☐	☐
3. due uomini non rappresentino un modello di famiglia tradizionale.	☐	☐	☐
4. molti giovani decidano di convivere per comodità.	☐	☐	☐
5. la convivenza non offra garanzie per figli e conviventi.	☐	☐	☐
6. la famiglia tradizionale resti la priorità della politica italiana.	☐	☐	☐
7. per le coppie dello stesso sesso ci siano ancora tanti ostacoli da superare.	☐	☐	☐

▶ 21 **2d Sie werden nun nach der Meinung der folgenden Personen zu verschiedenen Familienmodellen gefragt. Antworten Sie wie im Beispiel mithilfe der Angaben und verwenden Sie den „congiuntivo presente".**

Esempio

Maria

Tutti devono avere gli stessi diritti e lo Stato deve tutelare i diritti dei cittadini. *(pensare)*

■ Che cosa pensa Maria delle unioni civili?

● Maria *pensa che* tutti **debbano** avere gli stessi diritti e che lo Stato **debba** tutelare i diritti dei cittadini.

Marco

La famiglia tradizionale è superata. *(credere)*

Ciro e Mara

Il matrimonio dà più garanzie alla coppia. *(essere dell'idea)*

Antonella

Il concetto di famiglia al Sud resiste ancora. *(ritenere)*

Carmelo

La convivenza rappresenta una forma di famiglia. *(pensare)*
È un fenomeno in crescita in tutta Italia. *(pensare)*

C2 Per me il concetto di famiglia è...

▶ 20 **2a Text / Lösung**

■ Ci troviamo a Roma Sposi, la più grande fiera di cerimonie e abiti nuziali d'Italia. Siamo qui per intervistare gente comune per avere la loro opinione sul concetto di famiglia e sui nuovi modelli familiari. Vogliamo capire se la definizione di "famiglia tradizionale" ha ancora senso. ... Scusate, posso farvi qualche domanda?

● Sì, certo, prego.

■ Innanzi tutto, voi siete sposati o convivete?

● Noi ci sposiamo a settembre. Siamo fidanzati da otto anni e ora abbiamo deciso di fare il grande passo e metter su famiglia. Abbiamo anche superato la crisi del settimo anno...

■ Ah, congratulazioni! A tal proposito, che cos'è per voi la famiglia?

▲ Beh, per me la famiglia è rappresentata da una madre, un padre e i bambini. Forse sarò all'antica, ma ritengo che la famiglia vera, quella tradizionale, sia composta da un uomo, da una donna e dai figli.

■ Quindi, per Lei, due uomini che stanno insieme non sono una famiglia?

▲ No, credo che non rappresentino un modello di famiglia così come lo conosciamo. E intendiamoci, non ho nulla contro le coppie omosessuali. Magari sarò all'antica, ma credo che la famiglia vera e propria sia ancora quella tradizionale.

■ E qual è la Sua opinione a riguardo?

● Anch'io penso che la famiglia sia costituita da un uomo e una donna. Inoltre, credo che il matrimonio abbia un ruolo fondamentale nella società perché un uomo e una donna si assumono importanti responsabilità l'uno nei confronti dell'altra.

■ Due persone, però, possono stare insieme anche convivendo, no? Ecco, che ne pensate della convivenza?

● È una scelta che non condivido, infatti noi non abbiamo mai convissuto. Credo che molti giovani decidano di andare a vivere insieme solo per comodità, perché non vogliono impegnarsi.

▲ Sono d'accordo. Secondo me, può essere una situazione temporanea: si può provare e vedere se si sta bene insieme vivendo nella stessa casa e poi decidere di sposarsi. Comunque, ritengo che la convivenza, se non è regolata da un contratto, non offra abbastanza garanzie per i figli e per i conviventi.

■ Grazie mille!

[...]

- ■ Scusi, posso farLe una domanda?
- ◆ Sì, certo.
- ■ Secondo Lei, il concetto di famiglia è cambiato nel tempo?
- ◆ Sì, penso di sì. Il concetto di famiglia non è statico, ma dinamico. Credo che il suo significato cambi in base all'epoca e al contesto economico, sociale e tecnologico.
- ■ Qual è la Sua idea di famiglia?
- ◆ Per me, la famiglia è quando due persone si vogliono bene. Non è importante se è costituita da un genitore e suo figlio, da due persone dello stesso sesso o di due sessi opposti. Credo che sia più importante creare il senso di famiglia: ciò vuol dire aiutarsi a vicenda e prendersi cura gli uni degli altri. Unioni civili tra due uomini o due donne, coppie di fatto, convivenze di fatto... sono tutti esempi di famiglia.
- ■ E Lei è sposato?
- ◆ Dunque, sono stato sposato con una donna. Ora sono divorziato. E due mesi fa mi sono unito civilmente con il mio compagno. Qui in fiera lavoro come wedding planner.
- ■ Ah, quindi Lei ha contratto un'unione civile. E che cosa pensa del ruolo della politica italiana nei confronti delle coppie dello stesso sesso?
- ◆ Penso che la famiglia "tradizionale", costituita da un uomo e una donna, resti la priorità all'interno della politica italiana. Per quanto riguarda le coppie dello stesso sesso, sono stati fatti dei passi in avanti, ma credo che ci siano ancora tanti ostacoli da superare.

Foto A: ☒ secondo uomo

Foto B: ☒ donna ☒ primo uomo

▶ 20 **2b Lösung**

1. La prima coppia ☒ vuole sposarsi.
2. L'uomo e la donna sono fidanzati da ☒ otto anni.
3. L'uomo e la donna ☒ non hanno mai convissuto.
4. Il secondo uomo ☒ è già stato sposato con una donna.
5. Il secondo uomo si è unito civilmente al suo compagno ☒ due mesi fa.

▶ 20 2c Lösung

Pensa che...	donna	primo uomo	secondo uomo
1. la famiglia sia composta da un uomo, una donna e dai figli.	☒	☒	☐
2. il significato di famiglia cambi nel tempo.	☐	☐	☒
3. due uomini non rappresentino un modello di famiglia tradizionale.	☒	☒	☐
4. molti giovani decidano di convivere per comodità.	☒	☐	☐
5. la convivenza non offra garanzie per figli e conviventi.	☐	☒	☐
6. la famiglia tradizionale resti la priorità della politica italiana.	☐	☐	☒
7. per le coppie dello stesso sesso ci siano ancora tanti ostacoli da superare.	☐	☐	☒

▶ 21 2d Text / Lösung

■ Che cosa pensa **Marco** della famiglia tradizionale?

● Marco crede che la famiglia tradizionale sia superata.

■ Che cosa pensano **Ciro e Mara** del matrimonio rispetto alla convivenza?

● Ciro e Mara sono dell'idea che il matrimonio dia più garanzie alla coppia.

■ Che cosa pensa **Antonella** del concetto di famiglia in Italia?

● Antonella ritiene che il concetto di famiglia al Sud resista ancora.

■ Che cosa pensa **Carmelo** della convivenza?

● Carmelo pensa che la convivenza rappresenti una forma di famiglia. Pensa che sia un fenomeno in crescita in tutta Italia.

C3 È fondamentale che il governo intervenga...

▶ 22 **3a Sie hören eine Radiosendung: Welche Themen werden behandelt?**

Nella trasmissione radiofonica si parla
- ☐ dei millennials e delle loro caratteristiche.
- ☐ della differenza tra le generazioni X, Y e Z.
- ☐ dei problemi che devono affrontare i millennials.

▶ 22 **3b Hören Sie die Radiosendung erneut und wählen Sie die Fotos aus, die zur Generation Y passen.**

☐ iperconnessi e tecnologici

☐ orientati alla carriera e al successo

☐ interessati a costruire una famiglia

☐ viaggiatori e aperti allo scambio culturale

▶ 22 **3c Hören Sie die Radiosendung noch einmal und entscheiden Sie: richtig oder falsch?**

	vero	falso
1. I millennials sono la generazione nata dopo il 2000.	☐	☐
2. È la prima generazione che cresce con la tecnologia digitale.	☐	☐
3. I millennials riescono a trovare un lavoro facilmente.	☐	☐
4. Spesso i millennials sono costretti a vivere con i genitori.	☐	☐
5. La generazione Y è attenta ai valori aziendali.	☐	☐
6. La maggioranza dei millennials non è disposta a trasferirsi all'estero.	☐	☐

▶ 22 **3d Bringen Sie die Aussagen der Soziologin in Ordnung. Hören Sie das Interview anschließend zur Kontrolle.**

1. È fondamentale che il governo...
2. È scandaloso che un politico...
3. È bene che le aziende...
4. È bello che i giovani...
5. È opportuno che le istituzioni...

a. decidano di partire per l'estero.
b. inizino a offrire benefit interessanti.
c. offrano soluzioni per motivare i giovani a rientrare.
d. definisca i millennials in questo modo.
e. intervenga e aiuti questa generazione.

▶ 23 **3e Sie unterhalten sich jetzt mit einem italienischen Bekannten über die Unterschiede zwischen den italienischen und deutschen Millennials. Übernehmen Sie die Rolle ◆ und antworten Sie mithilfe der folgenden Angaben. Achten Sie auf die Verwendung des „congiuntivo presente", wenn Sie Ihre Meinung äußern.**

Esempio:

▲ Nell'intervista il conduttore radiofonico ha accennato al fenomeno dei mammoni. Sicuramente è vero che in Italia i giovani rimangono a casa più a lungo dei loro coetanei di altri Paesi, come in Germania.

◆ Beh, per noi **è abbastanza strano che** un ragazzo di 35 anni **viva** ancora...

1. Sie sagen, dass es für Sie recht sonderbar ist, dass ein junger Mann mit 35 (Jahren) noch bei den Eltern wohnt; in Deutschland verlassen die jungen Leute früh ihre Familie.
2. Sie bejahen und sagen aber, dass es wichtig ist, dass die jungen Leute selbstständig und unabhängig *(= autonomo e indipendente)* werden können.
3. Sie stimmen zu und sagen, dass es schön ist, dass die Eltern die Kinder finanziell unterstützen *(= sostenere)* wollen. Aber das ist nicht immer möglich.
4. Sie bejahen und sagen, dass es wichtig ist, dass der Staat Stipendien, Finanzierungen oder Förderungen wie das BAföG bietet.

C3 È fondamentale che il governo intervenga...

▶ 22 **3a Text / Lösung**

■ Non sono interessati alla carriera, votano poco, studiano e viaggiano molto... È questo l'identikit dei millennials. Ma chi sono veramente e quali sono le loro caratteristiche? Ne parliamo con Giovanna Dusi, sociologa e esperta di marketing. Buongiorno.

● Salve e buongiorno a tutti. È vero. Sentiamo spesso parlare di millennials, di generazione X, Y e Z, ma c'è anche un po' di confusione. Vediamo di fare chiarezza. Dunque, per millennials si intendono tutti i giovani nati tra gli anni Ottanta e il 2000: sono definiti anche come la generazione Y ed è l'ultima generazione del ventesimo secolo.

■ E quali sono le caratteristiche di questi ragazzi, o meglio, di questi adulti ormai?

● Beh, la generazione Y è la prima generazione che è cresciuta con la tecnologia digitale. Questi giovani sono iperconnessi, fanno acquisti online e usano molto i social network.

■ Ma sono anche i figli della globalizzazione, giusto?

● Esatto. A differenza delle generazioni precedenti, i millennials hanno avuto la possibilità di viaggiare e di spostarsi più facilmente. Sono tolleranti e aperti a conoscere nuove culture. Sono curiosi e amano sperimentare.

■ Dal profilo che Lei ha appena tracciato, sembra che questi millennials siano una generazione felice, senza problemi. Amano viaggiare, sono aperti...

● Purtroppo non è così. I millennials sono anche i figli di una forte crisi economica, quella iniziata nel 2007. Questi giovani hanno difficoltà a trovare un lavoro e sono spesso costretti a rimanere a vivere con i genitori.

■ Beh, sì, è vero. Si sente spesso dire che i millennials sono dei mammoni e che non vogliono lasciare la casa dei genitori.

● Dunque... non possono lasciare la casa dei genitori... perché non hanno un lavoro e uno stipendio adeguati. Ed è per questo che, per me, è fondamentale che il governo intervenga e aiuti questa generazione, per esempio con finanziamenti o borse di studio.

■ A proposito... un politico ha definito recentemente i millennials come "pigri" perché sono poco interessati al lavoro e alla carriera.

● Guardi, è scandaloso che un politico definisca i millennials in questo modo. I giovani di questa generazione non sono affatto pigri, ma devono affrontare un mercato del lavoro difficile. Spesso devono scendere a compromessi, accettando tirocini non pagati, per esempio.

■ Nel Suo libro Lei afferma che le priorità dei millennials non sono le stesse dei giovani di altre generazioni precedenti. Che cosa intende esattamente?

● In generale, i millennials non sono interessati a costruire una famiglia. O meglio, il matrimonio non è uno dei loro obiettivi principali.

■ Quindi si sposano più tardi o magari vanno a convivere...

- Esatto. Inoltre, non sono orientati alla carriera e allo stipendio, ma sono attenti alla cultura e ai valori aziendali. Preferiscono lavorare in aziende che abbiano scopi sociali e che favoriscano un equilibrio tra lavoro e vita privata. È bene che le aziende inizino a offrire, per esempio, benefit interessanti, come l'anno sabbatico o lo smart working.
- Perché?
- Beh, nel 2050 i millennials rappresenteranno il 50% dell'intera forza lavoro.
- Senta... secondo una recente indagine, la grande maggioranza dei millennials è pronta a lasciare l'Italia per lavorare e vivere in un altro Paese. Lei che cosa ne pensa?
- Lo vedo come un segnale positivo, ma allo stesso tempo preoccupante. È bello che i giovani decidano di partire per l'estero, il problema è che questi giovani non vogliono tornare in Italia.
- Come si potrebbe risolvere questa situazione?
- Esistono già degli incentivi per chi torna in Italia, ma non è abbastanza. È opportuno che le istituzioni offrano altre soluzioni per motivare i giovani a rientrare.
- Grazie mille per il Suo intervento. E ora passiamo alle vostre domande...

Nella trasmissione radiofonica si parla
☒ dei millennials e delle loro caratteristiche.
☒ dei problemi che devono affrontare i millennials.

▶ 22 **3b Lösung**

☒ iperconnessi e tecnologici ☒ viaggiatori e aperti allo scambio culturale

▶ 22 **3c Lösung**

		vero	falso
1.	I millennials sono la generazione nata dopo il 2000. *I millennials sono i giovani nati tra il 1980 e il 2000.*	☐	☒
2.	È la prima generazione che sperimenta la tecnologia digitale.	☒	☐
3.	I millennials riescono a trovare un lavoro facilmente. *I millennials hanno difficoltà a trovare un lavoro a causa della crisi economica e a causa di un mercato difficile.*	☐	☒
4.	Spesso i millennials sono costretti a vivere con i genitori.	☒	☐
5.	La generazione Y è attenta ai valori aziendali.	☒	☐
6.	La maggioranza dei millennials non è disposta a trasferirsi all'estero. *La maggioranza dei millennials è pronta a lasciare l'Italia.*	☐	☒

▶ 22 3d Lösung

1. È fondamentale che il governo... — e. intervenga e aiuti questa generazione.
2. È scandaloso che un politico... — d. definisca i millennials in questo modo.
3. È bene che le aziende... — b. inizino a offrire benefit interessanti.
4. È bello che i giovani... — a. decidano di partire per l'estero.
5. È opportuno che le istituzioni... — c. offrano soluzioni per motivare i giovani a rientrare.

▶ 23 3e Lösung

▲ Nell'intervista il conduttore radiofonico ha accennato al fenomeno dei mammoni. Sicuramente è vero che in Italia i giovani rimangono a casa più a lungo dei loro coetanei di altri Paesi, come in Germania.

◆ Beh, per noi è abbastanza strano che un ragazzo di 35 anni viva ancora con i genitori. In Germania i giovani lasciano la famiglia presto.

▲ Sì, è vero. Spesso escono di casa già all'età di 18-19 anni, non appena finiscono la scuola. È molto presto però!

◆ Sì, ma è importante che i giovani possano diventare autonomi e indipendenti.

▲ Per fare questo, sono necessari soldi e un lavoro... o l'aiuto economico dei genitori.

◆ Certo, è bello che i genitori vogliano sostenere economicamente i figli. Ma non sempre è possibile.

▲ Sì, sono d'accordo. In Germania lo Stato garantisce agli studenti delle buone possibilità.

◆ Sì, è importante che lo Stato offra borse di studio, finanziamenti o incentivi come il BAföG.

D È un classico

D1 Ho una vera passione per le serie televisive

▶ 24 **1a Claudio und Elettra kommen im Büro ins Gespräch. Hören Sie zu und entscheiden Sie, worüber die beiden sprechen.**

Claudio ed Elettra parlano di
☐ serie televisive. ☐ cinema internazionale.
☐ premi di critica cinematografica.
☐ doppiaggio e sottotitoli.

▶ 24 **1b Hören Sie das Gespräch noch einmal und entscheiden Sie: richtig oder falsch?**

	vero	falso
1. Claudio ha iniziato a guardare serie TV recentemente.	☐	☐
2. La passione di Claudio per le serie TV è iniziata guardando una serie cult.	☐	☐
3. Elettra riesce a finire le serie TV che inizia.	☐	☐
4. Claudio ama sentire la voce originale di attori e attrici.	☐	☐
5. Elettra ha imparato l'inglese con una serie TV su giovani medici.	☐	☐
6. Di solito Elettra riesce a guardare una serie TV usando i sottotitoli.	☐	☐

▶ 24 **1c Welche Seriengenres schauen sich Elettra und Claudio gerne an? Ergänzen Sie unter den Fotos E für Elettra oder C für Claudio.**

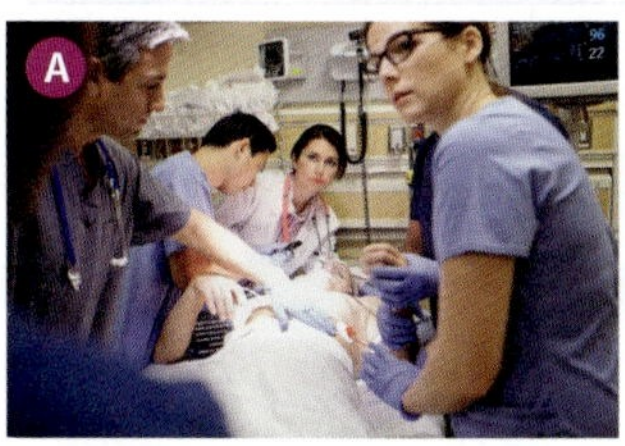

A *E/C* dramma

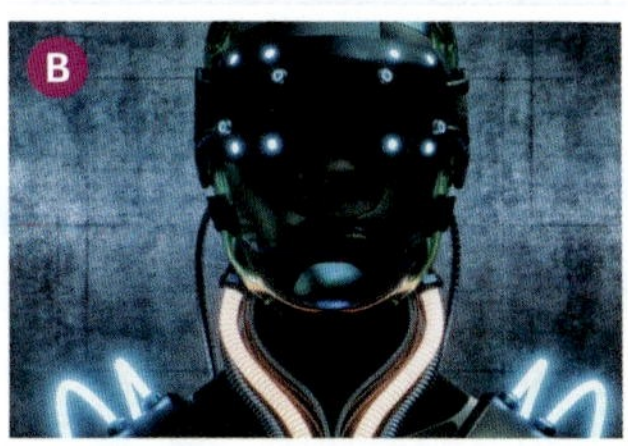

B ____ serie distopiche

C ____ sitcom

D ____ serie d'azione

E ____ serie fantascientifiche

F ____ gialli

▶ 25 **1d Hören Sie die Fortsetzung des Gesprächs. Wie ansteckend ist Claudios Leidenschaft für Serien?**

Claudio ☐ riesce ☐ non riesce a convincere Elettra a guardare "Venti di Norderian".

▶ 25 **1e Hören Sie noch einmal und ergänzen Sie die Tabelle mit den Informationen zur Serie.**

Titolo	*Venti di Norderian*
Paese di produzione	
Numero di stagioni	
Episodi per stagione	
Genere	
Periodo storico di ambientazione	
Luogo di ambientazione	
Tematiche	

1f Lesen Sie die folgenden beiden kurzen Zusammenfassungen: Welche passt zur Handlung der Serie, von der Claudio berichtet?

A

In un mondo diviso tra nord e sud le famiglie ricche lottano tra di loro per ottenere lo scettro contenuto nel castello di Mirabilia. La situazione peggiora con l'arrivo di venti gelidi da nord che risvegliano creature mostruose come elefanti volanti e draghi che sputano ghiaccio. ☐

B

In un mondo diviso tra nord e sud le famiglie ricche lottano contro le famiglie povere per ottenere il trono che si trova nella capitale Mirabilia. La situazione peggiora con l'arrivo di venti caldi da nord che risvegliano creature mostruose come leoni volanti e serpenti che sputano fuoco. ☐

▶ 26 **1g Sie unterhalten sich nun mit einem italienischen Bekannten über TV-Serien. Übernehmen Sie die Rolle ● und beantworten Sie die Fragen mithilfe der Angaben.**

■ Tutti questi servizi di streaming sono pieni zeppi di serie TV. Mah, è diventata un po' una moda. A te piacciono?

Sie bejahen und sagen, dass Sie seit einigen Jahren Fan von TV-Serien sind.

● *Sì, sono appassionato/-a di* ______________________________

■ Qual è il tuo genere preferito?

Sie sagen, dass Ihnen Action-Serien am liebsten sind, in denen der Protagonist Hindernisse und schwierige Situationen bewältigen (= superare) muss. Sie sind kein Freund (= amante) von Komödien.

● ______________________________

■ Ma le guardi in lingua originale o doppiate?

Wenn Sie die Sprache kennen, dann schauen Sie sie im Original an.

● ______________________________

■ E usi i sottotitoli?

Sie bejahen, manchmal nutzen Sie auch die Untertitel, um besser zu verstehen.

● ______________________________

■ E hai una serie TV preferita?

Sie sagen, dass „Secrets of Berlin" Ihre Lieblingsserie ist. Sie sehen sie schon seit drei Jahren und können es kaum erwarten, die achte und letzte Staffel zu sehen.

● ______________________________

■ Accidenti! Otto stagioni? Ora sono curioso. Di cosa parla la serie?

Die Serie spielt (= essere ambientato) in Berlin während des Kalten Krieges (= Guerra Fredda). Es ist die Geschichte von Matthias, einem Mathe-Lehrer, der plötzlich zum Spion der Russen wird.

● ______________________________

■ Ah, sai cosa? Quasi quasi stasera la guardo!

D1 Ho una vera passione per le serie televisive

▶ 24 **1a Text / Lösung**

- ■ Uff, che giornata! Oggi non ho avuto un minuto libero...
- ● Dai, Claudio, teniamo duro! Ancora un'ora e poi si stacca. Hai programmi per stasera?
- ■ Mah, oggi serata relax. Non vedo l'ora di andare a casa, mettermi comodo, sedermi sul divano e magari guardare qualche episodio di una serie televisiva.
- ● Ah, anche tu ti sei fatto prendere dalla moda delle serie televisive?
- ■ In realtà ne sono appassionato da quando ero ragazzino. Ti ricordi quella serie TV che parlava di una ragazza scomparsa in una piccola cittadina statunitense?
- ● Sì, certo. Quella serie è un classico nella storia della TV. Se non sbaglio, è stata girata da un importante regista.
- ■ Non solo! Ha anche influenzato moltissime produzioni successive. Ecco, io da allora ho una vera e propria passione, quasi una mania, per le serie televisive. A volte, soprattutto in inverno, il fine settimana lo passo in casa e mi sparo un episodio dopo l'altro. In un giorno riesco a finire anche un'intera stagione.
- ● Beh, mi sembra di capire che tu abbia quasi una dipendenza da serie televisive! Io ho un abbonamento a un servizio di streaming online, ma nell'ultimo periodo preferisco guardare documentari o film. Non so... inizio una serie TV, guardo due o tre episodi e poi la abbandono a metà perché la trovo banale o poco coinvolgente.
- ■ Forse non hai ancora trovato una serie televisiva abbastanza appassionante o avvincente.
- ● Mhmm, sì, forse hai ragione. Tu che genere preferisci?
- ■ Mah, ho un debole per i gialli. Adoro le serie TV che raccontano di crimini da risolvere e mi piace identificarmi nel detective di turno che cerca di scovare l'assassino. Mi piacciono anche quelle fantascientifiche che raccontano di viaggi nello spazio, alla scoperta di mondi sconosciuti. E poi amo le serie TV distopiche, che mettono lo spettatore di fronte a un futuro inquietante. E tu, invece, cosa guardi?
- ● Io, in generale, sono aperta a vari generi. Di solito guardo le sitcom perché ho bisogno di qualcosa di leggero per staccare un po' e fare quattro risate. E poi mi piacciono le serie TV d'azione con molta tensione e suspense... e anche quelle drammatiche. Da ragazzina ero una fan di una famosa serie di medici alle prese con i pazienti. Hai presente?
- ■ Certo che me la ricordo: la mitica "Doctor You"! La guardavo anch'io... È così che ho imparato l'inglese!

- Ma dai! Davvero? Quindi sei uno di quelli che preferisce le serie TV in lingua originale?
- Sì. Il doppiaggio, anche se di qualità come quello italiano, non lo sopporto. Di solito guardo le serie TV in lingua originale perché per me è fondamentale ascoltare gli attori recitare con la loro voce. Credo che un'opera, che sia un film, un pezzo teatrale o una serie, debba essere vista in lingua originale. Tu invece?
- Beh, dipende. Se si tratta di produzioni complicate, preferisco guardarle con il doppiaggio in italiano. Altrimenti non capisco la trama... e se metto i sottotitoli, non riesco a concentrarmi. I sottotitoli mi danno proprio fastidio.
- No, io, invece, i sottotitoli in lingua originale ogni tanto li uso...
- Beh, con la tua conoscenza dell'inglese capirai tutto. Senti, visto che sei un esperto, perché non mi consigli una bella serie televisiva che sicuramente non lascio a metà?
- Dunque, potresti guardare...

Claudio ed Elettra parlano di ☒ serie televisive. ☒ doppiaggio e sottotitoli.

▶ 24 1b Lösung

		vero	falso
1.	Claudio ha iniziato a guardare serie TV recentemente.	☐	☒
	Claudio è appassionato di serie TV da quando era ragazzino.		
2.	La passione di Claudio per le serie TV è iniziata guardando una serie cult.	☒	☐
3.	Elettra riesce a finire le serie TV che inizia.	☐	☒
	Elettra iniza una serie TV, guarda due o tre episodi e poi la abbandona a metà.		
4.	Claudio ama sentire la voce originale di attori e attrici.	☒	☐
5.	Elettra ha imparato l'inglese con una serie TV su giovani medici.	☐	☒
	Claudio ha imparato l'inglese guardando una serie TV sui medici.		
6.	Di solito Elettra riesce a guardare una serie TV usando i sottotitoli.	☐	☒
	Elettra non riesce a concentrarsi con i sottotitoli, le danno fastidio.		

▶ 24 **1c Lösung**

A: *E / C* dramma | B: *C* serie distopiche | C: *E* sitcom
D: *E* serie d'azione | E: *C* serie fantascientifiche | F: *C* gialli

▶ 25 **1d Text / Lösung**

● Senti, visto che sei un esperto, perché non mi consigli una bella serie televisiva che sicuramente non lascio a metà?

■ Dunque, potresti guardare "Venti di Norderian", una produzione americana in sei stagioni. È abbastanza lunga perché ogni stagione ha tra gli otto e i dieci episodi che durano circa 45 minuti. Secondo me, però, potrebbe piacerti!

● Ah, è una serie di cui ho sentito parlare spesso, ma non l'ho mai guardata. Ho anche tanti amici che la seguono, però non so... Ho visto il trailer e mi è sembrato di capire che è una serie fantasy, no?

■ Beh, è difficile definire "Venti di Norderian"... Possiamo dire che si tratta di una serie televisiva fantasy. E infatti ci sono elementi soprannaturali, personaggi con poteri speciali o creature fantastiche. Però ci sono elementi anche di altri generi, come quello drammatico e il giallo.

● Dai, racconta. Ora sono curiosa. Vediamo se riesci a convincermi a guardarla.

■ La storia è ambientata in un'epoca storica fantastica, paragonabile al nostro Medioevo. Le vicende si svolgono in un mondo immaginario costituito da Norderian, il nord, che è anche il continente più ricco, e Suderian, il continente più povero.

● Mi sembra una visione e una divisione un po' stereotipata del mondo. La ricchezza al nord e la povertà al sud...

■ Beh, in tutta la serie c'è questo contrasto tra nord e sud. La trama di "Venti di Norderian" ruota attorno alla lotta fra famiglie ricche che cercano di ottenere il potere. Buona parte della storia ha luogo a Mirabilia, la capitale del continente settentrionale: qui si trova un castello in cui è conservato lo scettro del potere. Chi riesce a ottenerlo, avrà il controllo sui due continenti. Le famiglie di tutto il mondo si scontrano in intricati giochi di potere, alleanze e intrighi per riuscire a conquistare il castello e poter regnare su tutto il mondo.

● Fin qui sembra la trama di un film o una serie TV d'ambientazione storica. Qual è l'elemento fantasy della storia?

■ Ora arriva il bello! La situazione peggiora quando dei venti gelidi provenienti da nord risvegliano creature mostruose e forze oscure: le famiglie si trovano a lottare non solo tra di loro, ma anche contro draghi che sputano ghiaccio ed elefanti volanti.

● La trama sembra abbastanza intricata, però mi sembra coinvolgente.

- ■ Sì, la serie TV è ricca di molti personaggi che ricoprono un ruolo fondamentale nella storia. Quindi è una di quelle serie che non si può guardare stirando o cucinando perché richiede attenzione e concentrazione.
- ● Ma sai che mi hai convinta? Quasi quasi inizio a guardarla stasera...
- ■ Sì, alla fine le tematiche trattate sono molteplici: si parla del rapporto tra genitori e figli... della lotta per il potere... di amore tra membri di famiglie nemiche fra di loro... La serie ha avuto un grande successo ed è seguita da tantissimi fan.
- ● Se non sbaglio, la serie è tratta da un libro, no? Ne parlavo giusto con... con... accidenti, ne stavo parlando l'altro giorno con qualcuno...
- ■ Sì, la serie è tratta da una vera e propria saga. Io i libri non li ho mai letti. Mi sembrano dei mattoni incredibili, ogni volume ha più di seicento pagine. Forse perché non sono un amante della lettura...
- ● Ah, ecco chi me l'ha detto! Giovanni, il ragazzo dell'ufficio marketing. Penso che abbia letto tutti i libri. Dovrebbe essere stato a un festival del fantasy recentemente...
- ■ Ma dai! Allora quando lo vedo, gliene parlo... Quindi stasera che fai? Guardi "Venti di Norderian"?
- ● Eh, mi sa proprio di sì...

Claudio ☒ riesce a convincere Elettra a guardare "Venti di Norderian".

▶ 25 1e Lösung

Titolo	*Venti di Norderian*
Paese di produzione	*America, USA*
Numero di stagioni	*6*
Episodi per stagione	*8–10*
Genere	*fantasy, dramma, giallo*
Periodo storico di ambientazione	*epoca storica fantastica, paragonabile al Medioevo*
Luogo di ambientazione	*mondo immaginario costituito dal nord, Norderian, e dal sud, Suderian*
Tematiche	*rapporto tra genitori e figli, lotta per il potere, amore tra membri di famiglie nemiche fra di loro*

1f Lösung

Zur Handlung der Serie passt Zusammenfassung A.

▶ 26 **1g Text / Lösung**

■ Tutti questi servizi di streaming sono pieni zeppi di serie TV. Mah, è diventata un po' una moda. A te piacciono?

● Sì, sono appassionato / appassionata di serie televisive da alcuni anni.

■ Qual è il tuo genere preferito?

● Preferisco le serie televisive / serie TV di azione, in cui il protagonista deve superare ostacoli e situazioni difficili. Non sono un / un'amante delle commedie.

■ Ma le guardi in lingua originale o doppiate?

● Se conosco la lingua, allora le guardo in originale.

■ E usi i sottotitoli?

● Sì, a volte uso anche i sottotitoli per capire meglio.

■ E hai una serie TV preferita?

● La mia serie TV / serie televisiva preferita è "Secrets of Berlin". La seguo ormai da tre anni e non vedo l'ora di vedere / di guardare l'ottava e ultima stagione.

■ Accidenti! Otto stagioni? Ora sono curioso. Di cosa parla la serie?

● La serie è ambientata a Berlino durante la Guerra Fredda. È la storia di Matthias, un insegnante di matematica, che improvvisamente diventa una spia dei russi.

■ Ah, sai cosa? Quasi quasi stasera la guardo!

D2 L'ho letto tutto d'un fiato!

▶ 27 **2a Giovanni, der Kollege aus dem Marketing, kommt zufällig bei Elettra und Claudio im Büro vorbei und das Gespräch über „Venti di Norderian“ geht weiter. Was trifft auf Giovanni zu?**

Giovanni è un fan ☐ della serie. ☐ del libro. ☐ della serie e del libro.

▶ 27 **2b Hören Sie das Gespräch zwischen Elettra, Claudio und Giovanni erneut und ergänzen Sie die folgenden Sätze mit der jeweils richtigen Option.**

1. La serie TV ☐ ha ☐ non ha lo stesso titolo del libro.
2. Giovanni non ha mai guardato la serie TV per
   ☐ non rimanere deluso.
   ☐ non diventare dipendente.
3. ☐ Il titolo ☐ La copertina del libro ha attirato l'attenzione di Giovanni.
4. Prima di leggere il libro, Giovanni ☐ era già ☐ non era ancora amante del genere fantasy.
5. Giovanni ☐ deve ancora finire ☐ ha già finito di leggere la saga.

▶ 28 **2c Entscheiden Sie nun, was Elettra ihren beiden Kollegen im weiteren Verlauf des Gesprächs vorschlägt.**

Elettra propone che ☐ Giovanni guardi la serie con Claudio.
☐ Giovanni presti il libro a Claudio.
☐ Claudio legga il libro e Giovanni guardi la serie.

▶ 28 **2d Hören Sie noch einmal und entscheiden Sie, welche Adjektive jeweils passen.**

1. La trama di "Bufere a Norderian" è ☐ intrigante. ☐ obsoleta. ☐ avvincente.
2. Le vicende raccontate sono ☐ autentiche. ☐ banali. ☐ reali.
3. Lo stile dell'autore è ☐ dettagliato. ☐ ricercato. ☐ scorrevole.
   ☐ barocco. ☐ pesante. ☐ noioso.
4. I personaggi sono ☐ accattivanti. ☐ ben descritti. ☐ convincenti.

▶ 29 **2e Sie unterhalten sich nun mit einem Freund über Bücher. Übernehmen Sie die Rolle ▲ und beantworten Sie die Fragen mithilfe der Angaben.**

■ Senti, hai letto l'ultimo libro di Andrea de Mario?

Sie bejahen und sagen, dass Sie es letzte Woche zu Ende gelesen haben.

▲ ______________________________

____

■ Di già? Ma se è appena uscito. Sei un vero lettore incallito / una vera lettrice incallita! E come ti è sembrato?

Sie haben es in einem Rutsch (= tutto d'un fiato) durchgelesen. Die Handlung ist spannend und fesselt dich (= ti coinvolge) von der ersten bis zur letzten Seite.

▲ ______________________________

____

____

■ Ah, davvero? Io ho letto una recensione sul giornale, ma non mi ha convinto. Com'è lo stile dell'autore?

Der Stil des Autors ist klar und flüssig und die Sprache ist präzise und gewählt (= ricercato). Die Szenen sind so detailliert beschrieben, dass du die Emotionen und Situationen der Protagonisten miterleben (= rivivere) kannst.

▲ ______________________________

____

____

____

____

____

■ Mah... di solito la narrazione di de Mario ha sempre un ritmo molto lento...

Sie verneinen und sagen, dass der Erzählrhythmus in diesem Buch schnell ist und die Dialoge realistisch und dynamisch sind.

▲ ______________________________

____

____

____

■ E come sono i personaggi?

Der Autor beschreibt aufmerksam ihre Persönlichkeit und zeichnet (= tracciare) ein präzises psychologisches Profil (= profilo psicologico).

▲ ______________________________

____

____

■ Adesso mi hai incuriosito! Compro la versione digitale e gli do una chance...

D2 L'ho letto tutto d'un fiato!

▶ 27 **2a Text / Lösung**

- ● Ecco Giovanni! Stavamo giusto parlando di te...
- ▲ Di me?
- ● Beh, stavamo parlando della serie televisiva "Venti di Norderian" e raccontavo a Claudio che anche tu sei un fan.
- ▲ Beh, in realtà la serie televisiva non la conosco molto. Però ho letto quasi tutti i libri della saga. Fra l'altro il titolo originale non è "Venti di Norderian", ma "Bufere a Norderian".
- ■ Ah, ma dai! Non sapevo che si chiamasse diversamente. Ma davvero non hai mai visto neanche un episodio?
- ▲ No, non sono un amante di serie televisive, preferisco la lettura alla TV. Della serie "Venti di Norderian" ho sentito parlare molto, ma non l'ho mai guardata perché ho paura che deluda le mie aspettative. Temo che rovini la magia e l'atmosfera che i libri riescono a ricreare. Pensa che un libro di questa saga riesco a finirlo in una settimana.
- ■ Seicento pagine in una settimana? Ma come fai? Sei un divoratore di libri!
- ▲ Sì, ho sempre letto molto, anche da bambino. La sera mi piace sedermi sul divano con un buon libro e sfogliare le pagine una a una.
- ■ E quando hai iniziato a leggere "Venti di Norderian", o meglio, "Bufere a Norderian"?
- ▲ Ho trovato il primo libro un po' per caso. Avevo sedici anni ed ero a Bologna con un'amica per visitare la città. In quei giorni si teneva la Fiera del libro e per le strade c'erano bancarelle e mercatini dell'usato. Mentre passeggiavamo, la particolarissima illustrazione sulla copertina di "Bufere a Norderian" mi è balzata all'occhio e mi ha colpito subito. E visto che il libro costava solo cinque euro, ne ho approfittato e l'ho preso.
- ● Insomma, è stato... amore a prima vista!
- ▲ In realtà no. All'inizio, ero un po' scettico perché allora il fantasy non era un genere che conoscevo. Ma poi, quando ho iniziato a leggerlo, non ho più smesso. Pensa che il primo volume ha più di cinquecento pagine, ma l'ho letto tutto d'un fiato dalla prima all'ultima pagina in poco più di tre giorni.
- ■ Ma quanti libri hai già letto?
- ▲ Dunque, la saga al momento è costituita da cinque libri. Io ne ho letti quattro e mi manca l'ultimo, che è stato pubblicato di recente.
- ● Ma spiegami un po' come...

Giovanni è un fan ☒ del libro.

▶ 27 2b Lösung

1. La serie TV ☒ non ha lo stesso titolo del libro.
2. Giovanni non ha mai guardato la serie TV per ☒ non rimanere deluso.
3. ☒ La copertina del libro ha attirato l'attenzione di Giovanni.
4. Prima di leggere il libro, Giovanni ☒ non era ancora amante del genere fantasy.
5. Giovanni ☒ deve ancora finire di leggere la saga.

▶ 28 2c Text / Lösung

● Ma spiegami un po' come ti sei appassionato alla saga. Che cosa ti tiene incollato ai libri per ore?

▲ Beh, l'intera saga ha il potere di proiettarti in una dimensione fantastica ed è come fare un salto nel passato. Quando leggo libri di Cooper, tutto ciò che c'è attorno a me scompare e mi sembra di essere in un'altra epoca e in un altro luogo. La trama è veramente molto intrigante e avvincente ed è piena di colpi di scena.

● Beh, è un po' il potere della lettura. Però non so... Nei libri fantasy ci sono creature surreali, i personaggi hanno poteri soprannaturali... Come riesci a sentirti parte di questo mondo fantastico?

▲ Nella saga di Cooper le vicende raccontate sono autentiche e reali. Secondo me, questo è il grande merito dell'autore: riesce a descrivere problemi sociali e politici di oggi in un mondo surreale. I libri si potranno leggere anche fra cento anni e saranno ancora molto attuali.

■ Ma com'è lo stile dell'autore? Io ho visto la serie, ma i libri mi sembrano così lunghi! Seicento pagine da leggere sono veramente tante.

▲ Ma no! Lo stile dell'autore è dettagliato, ma scorrevole e mai barocco o pesante. Trovo il suo modo di scrivere coinvolgente, ma credo che non possa piacere a tutti perché indugia molto nella descrizione dei luoghi e dei personaggi.

■ Qual è l'aspetto che più ti convince dei libri?

▲ L'aspetto che più mi piace è la descrizione dettagliata dei personaggi che popolano il mondo di "Bufere a Norderian". Sono tutti accattivanti e ben descritti. L'autore è in grado di entrare nell'anima dei protagonisti attribuendo loro ruoli ben precisi.

- ● C'è un personaggio che ti ha colpito più di tutti?
- ▲ Un personaggio che mi è entrato nel cuore è Tallia, la principessa di Norderian. Mi è piaciuta soprattutto per lo sviluppo della sua personalità. Nel corso della storia, Tallia, da ragazzina inesperta e ingenua, diventa una donna matura, decisa... una vera guerriera. Alla fine del quarto libro s'innamora di una donna e perde la sua vita per salvarla.
- ■ Ma come? No, Tallia non muore! Vince il combattimento contro Petroros e si sposa con la sua amata Parsia.
- ▲ Forse questo è quello che succede nella serie televisiva... Nel libro la sua storia è diversa...
- ■ Sicuramente hanno adattato la serie TV per creare più tensione e suspense. Chissà se ci sono altre differenze tra la serie TV e il libro...
- ● Sapete cosa potete fare? Tu, Claudio, puoi iniziare a leggere il primo volume e tu, Giovanni, inizi a guardare la serie che non hai mai visto. Poi fra qualche settimana vi incontrate e vi scambiate qualche opinione a riguardo. Che ne dite?
- ■ Giovanni, tu ci stai?
- ▲ Sfida accettata!

Elettra propone che ☒ Claudio legga il libro e Giovanni guardi la serie.

▶ 28 2d Lösung

1. La trama di "Bufere a Norderian" è	☒ intrigante.	☒ avvincente.
2. Le vicende raccontate sono	☒ autentiche.	☒ reali.
3. Lo stile dell'autore è	☒ dettagliato.	☒ scorrevole.
4. I personaggi sono	☒ accattivanti.	☒ ben descritti.

▶ 29 2e Text / Lösung

■ Senti, hai letto l'ultimo libro di Andrea de Mario?

▲ Sì, l'ho finito / ho finito di leggerlo la scorsa settimana.

■ Di già? Ma se è appena uscito. Sei un vero lettore incallito / una vera lettrice incallita! E come ti è sembrato?

▲ L'ho letto tutto d'un fiato. La trama è avvincente e ti coinvolge dalla prima all'ultima pagina.

■ Ah, davvero? Io ho letto una recensione sul giornale, ma non mi ha convinto. Com'è lo stile dell'autore?

▲ Lo stile dell'autore è chiaro e scorrevole e il linguaggio è preciso e ricercato. Le scene sono descritte così dettagliatamente che puoi rivivere le emozioni e le situazioni dei protagonisti.

■ Mah... di solito la narrazione di de Mario ha sempre un ritmo molto lento...

▲ No, in questo libro il ritmo della narrazione è veloce e i dialoghi sono realistici e dinamici.

■ E come sono i personaggi?

▲ L'autore descrive attentamente la loro personalità e traccia un profilo psicologico preciso.

■ Adesso mi hai incuriosito! Compro la versione digitale e gli do una chance...

D3 È una serie ben fatta, ma...

▶ 30 **3a Claudio und Giovanni treffen sich drei Wochen später, um sich über die Bücher und die Serie zu unterhalten. Zu welchem Schluss kommen die beiden?**

☐ I libri sono di gran lunga migliori rispetto alla serie TV.

☐ La serie TV è decisamente più avvincente e meno noiosa dei libri.

☐ I libri e la serie TV, anche se diversi, sono entrambi ben fatti.

▶ 30 **3b Hören Sie das Gespräch noch einmal und entscheiden Sie, ob die folgenden Aussagen auf die Meinungen von Claudio oder Giovanni zutreffen.**

	vero	**falso**
1. Nella serie le scene sono descritte così accuratamente come nel libro.	☐	☐
2. Nei libri la narrazione è più scorrevole che nella serie.	☐	☐
3. Per Giovanni i libri sono stati emotivamente più coinvolgenti della serie.	☐	☐
4. Nella descrizione dei personaggi l'autore è meno attento degli sceneggiatori.	☐	☐
5. Nei libri ci sono più personaggi che nella serie.	☐	☐

▶ 31 **3c Vergleichen Sie nun selbst eine Serie mit ihrer Buchvorlage. Beantworten Sie dazu die Fragen Ihrer Gesprächspartnerin mithilfe der folgenden Angaben.**

Esempio ■ Com'è descritta la trama nel libro?

● Nel libro la trama è molto più noiosa che nella serie.

0. Im Buch ist die Handlung viel langweiliger als in der Serie.
1. Meiner Meinung nach ist der Regisseur genauso gut wie der Autor.
2. Die zweite Staffel ist nicht so langweilig wie die erste.
3. Die Handlung ist nicht so spannend wie im Buch. Einige wichtige Szenen sind weniger detailliert beschrieben als im Buch.
4. In der Serie sind die Figuren weniger facettenreich *(= sfaccettato)* als im Buch.

D3 È una serie ben fatta, ma...

▶ 30 **3a Text / Lösung**

■ Allora, Giovanni, come ti è sembrata la serie?

▲ Dunque, devo dire che la serie televisiva mi ha sorpreso positivamente e mi ha tenuto incollato allo schermo fino all'ultimo minuto.

■ Eh, lo sapevo che ti sarebbe piaciuta!

▲ Con questo non voglio dire che la preferisco ai libri, per carità. Però, in linea di massima, la serie è abbastanza fedele alla saga di Cooper. Tuttavia, alcuni aspetti sono andati persi: nella serie non ci si sofferma su tutti gli elementi della trama. Alcune vicende sono trattate più superficialmente...

■ Beh, sì, su questo ti do ragione. La televisione deve comprimere un numero incredibile di pagine in un breve periodo di tempo, ed è normale che alcuni passaggi non vengano raccontati in modo così preciso come nel libro o vengano omessi del tutto.

▲ Sì, nei libri ogni scena è presentata più accuratamente che nella serie TV: lo scrittore dedica intere pagine alla descrizione del contesto e dei luoghi...

■ Nei libri di Cooper la narrazione non è così scorrevole come nella serie: il regista elimina quei blocchi che rendono la lettura lenta e si focalizza solo su alcuni aspetti. Quello che non sopporto dello stile di Cooper è la mania per i dettagli: l'autore dedica quindici pagine per una scena irrilevante che nella serie televisiva, invece, viene raccontata in trenta secondi. Nella serie la rappresentazione degli eventi è più veloce, più snella e più facile che nei libri.

▲ Ma è quello il bello della saga: con i libri puoi avere la tua idea della storia in base alle descrizioni dell'autore: la serie non ti dà così tanta libertà d'immaginazione. Ed è per questo che la serie TV non mi ha emozionato tanto quanto hanno fatto i libri.

■ Sì, capisco quello che vuoi dire. Sullo schermo tutto è già definito dallo sceneggiatore, mentre i libri ti permettono di immaginare luoghi, personaggi e tempi più liberamente. Però nella serie TV il regista ha fatto un lavoro straordinario...

▲ Sì, sì... non dico nulla. È una serie ben fatta... ma i libri ti trasportano in un'altra dimensione.

■ Mah, alla fine gli effetti speciali usati nella serie rendono le scene così vive che pensi di essere lì, insieme ai protagonisti.

▲ Comunque, quello che non mi è piaciuto è come il regista ha trattato i personaggi...

■ Perché? Non hanno ricevuto "un buon trattamento"?

▲ Nei libri i personaggi sono descritti più dettagliatamente che nella serie. Diciamo che in questo l'autore è molto più attento e preciso degli sceneggiatori.

■ Mhmm... puoi farmi un esempio?

▲ Beh, nel libro Lena è una donna forte e imperturbabile. È legata alla famiglia ed è apprensiva nei confronti dei figli. Per loro sarebbe pronta a tutto. Sullo schermo, però, appare come una figura cinica, fredda e spietata. Ecco, secondo me, i personaggi nel libro sono più convincenti che nella serie TV.

■ Sì, è vero. Però la scelta degli attori è perfetta.

▲ Ah, un'altra cosa: nei libri compaiono molti più personaggi che nella serie. Magari sono personaggi minori come Nasti, ma raccontano aneddoti che permettono di dare risposta ad alcuni enigmi che nella serie non vengono risolti...

■ È vero... Nasti non compare in nessuna delle stagioni televisive e così non sappiamo perché Fremus decide di partire per Suderian...

▲ Beh, potremmo star qui ore e ore a parlare delle differenze tra serie TV e libri... Ma alla fine, tu, che ne pensi? Libro o serie?

■ Dunque, la serie è un capolavoro, i libri anche. Sono due modalità di raccontare le storie, ma sono entrambi ottimi prodotti. E tu, che ne pensi?

▲ Sono d'accordo. I libri e la serie sono leggermente diversi, ma non per questo la serie è meno buona rispetto al libro. Anzi, ha superato le mie aspettative: i libri sono scritti incredibilmente bene e la serie è girata con maestria e professionalità.

☒ I libri e la serie TV, anche se diversi, sono entrambi ben fatti.

▶ 30 **3b Lösung**

		vero	falso
1.	Nella serie le scene sono descritte così accuratamente come nel libro. *Nei libri ogni scena è presentata più accuratamente che nella serie TV.*	☐	☒
2.	Nei libri la narrazione è più scorrevole che nella serie. *Nei libri di Cooper la narrazione non è così scorrevole come nella serie.*	☐	☒
3.	Per Giovanni i libri sono stati emotivamente più coinvolgenti della serie.	☒	☐
4.	Nella descrizione dei personaggi l'autore è meno attento degli sceneggiatori. *L'autore è molto più attento e preciso degli sceneggiatori.*	☐	☒
5.	Nei libri ci sono più personaggi che nella serie.	☒	☐

▶ 31 **3c Text / Lösung**

1. ■ Secondo te, è più bravo il regista o l'autore?
   ● Secondo me, il regista è bravo tanto quanto l'autore / è così bravo come l'autore.
2. ■ Come ti sembra la seconda stagione?
   ● La seconda stagione non è così noiosa come la prima.
3. ■ Come ti sembra la trama nella serie TV?
   ● La trama non è così avvincente come nel libro. Alcune scene importanti sono descritte meno dettagliatamente che nel libro.
4. ■ Come ti sembrano i personaggi?
   ● Nella serie i personaggi sono meno sfaccettati che nel libro.

E Avrei voluto studiare

E1 Hai sempre avuto un senso per l'estetica

▶ 32 **1a Antonio und Franca treffen sich nach Jahren zufällig in ihrem Heimatdorf wieder. Hören Sie und entscheiden Sie, was auf Antonio zutrifft.**

1. Antonio vive ☐ in Italia. ☐ all'estero.
2. Antonio non torna più al suo paese perché ☐ non ha più contatti stretti e parenti. ☐ non va d'accordo con i genitori.

▶ 32 **1b Hören Sie noch einmal: Welche Fotos passen zu Antonios und Francas Berufen? Schreiben Sie den jeweils passenden Namen unter die Fotos.**

A

____

B

____

C

____

▶ 32 **1c Hören Sie den Dialog ein weiteres Mal und entscheiden Sie: richtig oder falsch?**

	vero	falso
1. Antonio è sempre stato bravo a cucire e disegnare.	☐	☐
2. Antonio ha imparato a cucire con la madre.	☐	☐
3. Antonio avrebbe voluto studiare all'estero.	☐	☐
4. Antonio è portato per le lingue.	☐	☐
5. Franca è sempre stata portata per l'informatica.	☐	☐
6. Franca ha imparato a usare il PC grazie al padre.	☐	☐

▶ 33 **1d Sie treffen einen italienischen Bekannten von früher wieder. Sie haben sich zehn Jahre lang nicht mehr gesehen und er hat viele Fragen. Übernehmen Sie die Rolle ▲ und antworten Sie mithilfe der folgenden Angaben.**

■ È una vita che non ci si vede! Saranno passati almeno dieci anni. Come va?

Sie stimmen zu, dass Sie sich seit einer Ewigkeit nicht sehen. In der Zwischenzeit haben sich viele Dinge geändert, aber nun läuft alles gut.

▲ *Sì, non ci vediamo da un'eternità.* ____________

■ Ma lavori ancora per quella multinazionale?

Sie verneinen und sagen, dass Sie dort nicht mehr arbeiten. Sie waren Verkaufsberater / Verkaufsberaterin (= consulente alle vendite), aber Sie haben verstanden, dass Sie nicht gut darin waren, Leute zum Kaufen zu überzeugen. Außerdem hat Ihnen die Arbeit keinen Spaß gemacht.

▲ ____________

■ E ora che fai?

Sie sind Konditor / Konditorin und haben Ihre eigene Konditorei.

▲ ____________

■ Ma dai! Beh, è un gran cambiamento. Ma come sei arrivato / arrivata a questa decisione?

Das ist schon als Kind immer Ihr Traum gewesen. Sie haben die Backkunst (= l'arte di fare i dolci) von Ihrem Opa gelernt.

▲ ____________

■ Giusto! Tuo nonno aveva una panetteria... Ma quindi, dopo aver lasciato il lavoro, che cosa hai fatto?

Sie haben eine Berufsschule besucht und dann Erfahrungen in einer Konditorei gesammelt. Und vor drei Monaten haben Sie Ihr Geschäft eröffnet.

▲ ____________

■ Beh, i miei complimenti! Ora sono curioso di provare le tue specialità!

E1 Hai sempre avuto un senso per l'estetica

▶ 32 **1a Text / Lösung**

■ Franca, ciao!

● Antonio, carissimo, ciao! È una vita che non ci si vede! Saranno più di quindici anni. Da quando non vivi più in Italia, sei sparito dalla faccia della terra…

■ Ma no, lo sai com'è! Da quando i miei genitori se ne sono andati, ormai, qui in paese, non ho più contatti… Però, alla fine è bello tornare una volta ogni tanto…

● Senti, dimmi… Come va? Ti vedo in gran forma. Sei sempre a Madrid, no?

■ Sì, sempre innamorato della mia Madrid. Il lavoro va molto bene, da poco ho aperto un secondo atelier, sempre in città…

● Complimenti! La tua è sempre stata una vera vocazione per la moda!

■ In realtà, sono sempre stato portato per le attività manuali come il cucito, il disegno e anche il ricamo… Mi piace pensare che sia una cosa di famiglia.

● Beh, tua madre era sarta e aveva un negozio di abbigliamento, no?

■ Sì, però ho imparato quasi tutto dalla zia Norma. Era una sarta molto conosciuta nella zona e aveva un atelier con numerose dipendenti. Durante le nostre vacanze estive, quando non andavo a scuola, passavo le giornate da lei. E dalla zia Norma ho imparato a disegnare i primi modelli e poi a cucire a mano.

● Insomma, fare lo stilista è sempre stata la tua vocazione! Eri bravissimo a fare schizzi e avevi anche un senso per l'estetica… per l'abbinamento dei colori… Dopo il liceo sei andato a Milano, no?

■ Dunque, sì… Sono partito per Milano dove ho lavorato come commesso e così sono entrato nel giro della moda. Poi ho avuto il privilegio di iniziare a lavorare per la casa di moda di Alessandro Manni. E lì mi sono fatto le ossa…

● Di strada ne hai fatta. Complimenti!

■ Sì, sono soddisfatto… Certo, avrei preferito conseguire una certificazione internazionale, avrei voluto frequentare la New School of Fashion di New York, ma sono sempre stato negato per le lingue… Quindi… un po' per paura, un po' perché non me lo potevo permettere, non ho mai fatto il grande passo…

● Però, se pensi a grandi stilisti come Balenciaga o Coco Chanel, neppure loro hanno mai conseguito un titolo di studio e hanno fatto comunque la storia della moda.

- ■ Erano tempi diversi... Studiando, avrei avuto altre possibilità in campo internazionale.
- ● Non ti lamentare! Alla fine hai aperto due atelier di moda a Madrid.
- ■ Sì, vero, ma anche tu non scherzi, eh! Mi hanno raccontato che lavori come ingegnere informatico...
- ● Sì, lavoro come sviluppatrice software per un servizio di messaggistica istantanea.
- ■ Complimenti! Sei sempre stata un piccolo genio! A scuola eri bravissima in matematica.
- ● Beh, l'informatica è una passione che ho da anni e sono sempre stata brava a usare i computer. Sono autodidatta: all'inizio ho letto manuali, poi con l'arrivo di Internet ho iniziato a cercare informazioni in forum o in rete.
- ■ Già al liceo mi parlavi di programmazione. Erano gli anni dell'esordio di Internet e tu sei stata una delle prime ad avere una connessione a casa.
- ● Che memoria! Sì, passavo le giornate a programmare... Sono sempre stata portata per il ragionamento logico, per le formule e i numeri... E, a differenza di te, sono sempre stata negata per le attività manuali...
- ■ Eh, sì! Nel corso di ceramica uscivano sempre delle cose oscene!
- ● Beh, non è cambiato nulla... Anche oggi sono un disastro!

1. Antonio vive ☒ all'estero.
2. Antonio non torna più al suo paese perché ☒ non ha più contatti stretti e parenti.

▶ 32 **1b Lösung**

Foto A: Antonio

Foto B: Franca

Foto C: Antonio

▶ 32 **1c Lösung**

	vero	falso
1. Antonio è sempre stato bravo a cucire e disegnare.	☒	☐
2. Antonio ha imparato a cucire con la madre.	☐	☒
Antonio ha imparato a cucire con la zia Norma.		
3. Antonio avrebbe voluto studiare all'estero.	☒	☐
4. Antonio è portato per le lingue.	☐	☒
Antonio è negato per le lingue.		
5. Franca è sempre stata portata per l'informatica.	☒	☐
6. Franca ha imparato a usare il PC grazie al padre.	☐	☒
Franca è autodidatta, ha imparato tutto da sola.		

▶ 33 **1d Text / Lösung**

■ È una vita che non ci si vede! Saranno passati almeno dieci anni. Come va?

▲ Sì, non ci vediamo da un'eternità. Nel frattempo sono cambiate molte cose, ma ora va tutto bene.

■ Ma lavori ancora per quella multinazionale?

▲ No, non ci lavoro più. Ero consulente alle vendite, / Facevo il / la consulente alle vendite, / Lavoravo come consulente alle vendite, ma ho capito che non ero bravo / brava a convincere le persone / la gente a comprare. E poi / Inoltre, il lavoro non mi piaceva.

■ E ora che fai?

▲ Sono pasticciere / pasticciera e ho la mia (propria) pasticceria.

■ Ma dai! Beh, è un gran cambiamento. Ma come sei arrivato / arrivata a questa decisione?

▲ È sempre stato il mio sogno già da bambino / bambina. Ho imparato l'arte di fare i dolci da mio nonno.

■ Giusto! Tuo nonno aveva una panetteria... Ma quindi, dopo aver lasciato il lavoro, che cosa hai fatto?

▲ Ho frequentato una scuola professionale e poi ho fatto esperienza in una pasticceria. E tre mesi fa ho inaugurato / ho aperto il mio negozio.

■ Beh, i miei complimenti! Ora sono curioso di provare le tue specialità!

E

E2 Ho deciso di ricominciare da zero

▶ 34 **2a Sie hören einen Ausschnitt aus einer Radiosendung. Worum geht es?**

Nella puntata si parla
☐ del senso della vita per una persona.
☐ di cambiamenti importanti nella vita di una persona.

▶ 34 **2b Hören Sie den Ausschnitt noch einmal und ordnen Sie den Personen die Fotos zu.**

Gustavo • Alberto • Lara

A 
B 
C 

_______________ _______________ _______________

▶ 35 **2c Hören Sie nun das Interview mit Alberto. Von welchem Wendepunkt in seinem Leben spricht er?**

La svolta di Alberto consiste
☐ nel lasciare definitivamente il lavoro d'ufficio.
☐ nel cambiare lavoro d'ufficio.
☐ nell'iscriversi all'università.

▶ 35 **2d Hören Sie das Interview noch einmal: Was ist richtig, was ist falsch?**

	vero	falso
1. Per Alberto il lavoro in banca è sempre stato noioso e ripetitivo.	☐	☐
2. Alberto ha sviluppato un odio verso il lavoro d'ufficio.	☐	☐
3. La banca di Alberto offre come benefit un anno sabbatico.	☐	☐
4. Dopo aver lasciato il lavoro, partirà per il Brasile.	☐	☐
5. Il sogno di Alberto è di diventare scrittore o giornalista.	☐	☐
6. Al ritorno frequenterà un corso di scrittura creativa.	☐	☐

▶ 36 **2e Sie werden zu den Zukunftsplänen und Träumen von Lucia, Antonello und Carla befragt. Beantworten Sie die Fragen Ihres Gesprächspartners mithilfe der Angaben, wie im Beispiel.**

Esempio

- ■ Ho sentito che Lucia vuole dare una svolta alla sua vita.
- ● Sì, ha abbandonato l'università.
- ■ E che cosa ha intenzione di fare?
- ● Ha intenzione di prendersi un periodo di pausa e di partire per un viaggio.
- ■ E poi, che cosa farà?
- ● Si trasferirà a Roma e cercherà lavoro lì. Il suo sogno è quello di lavorare a Cinecittà.

	Decisione presa	**Intenzione**	**Progetti futuri**	**Sogno**
 **0. Lucia**	abbandonare l'università	prendersi un periodo di pausa / partire per un viaggio	trasferirsi a Roma e cercare lavoro lì	lavorare a Cinecittà
 **1. Antonello**	parlare con il suo capo e licenziarsi	fare un corso avanzato di inglese e un corso di latino	iscriversi all'università e studiare Medicina	diventare medico
 **2. Carla**	divorziare da suo marito	partire per l'India	entrare in una comunità Ashram e intraprendere un cammino spirituale	diventare guru yogi

E2 Ho deciso di ricominciare da zero

▶ 34 **2a Text / Lösung**

■ Eccoci di nuovo insieme a "Vite in onda", la trasmissione in cui diamo spazio alle vostre voci e al vostro vissuto. Per la puntata di oggi, vi abbiamo chiesto di raccontarci una decisione che ha dato una svolta alla vostra vita e in che modo il vostro percorso è cambiato. Ci avete inviato numerosi messaggi vocali, sentiamone alcuni.

● Ciao, sono Gustavo e sono in pensione da due mesi. Dopo anni di lavoro la pensione ha dato una vera svolta alla mia esistenza: mi posso dedicare al mio giardino, ho più tempo per mia moglie... Penso che la vera vita cominci ora.

▲ Ciao a tutti! Sono Alberto, ho 41 anni e sono direttore di banca. Dopo un lungo periodo di riflessione ho deciso di ricominciare da zero. Qualche giorno fa ho preso una decisione che cambierà la mia vita radicalmente...

◆ Ciao, sono Lara! Due anni fa ho lasciato tutto e sono venuta a vivere qui in Svizzera. Ho una piccola baita con qualche animale e produco latticini. Lasciare la città è stata la mia salvezza.

■ Tre storie diverse, ma con una cosa in comune: il desiderio di dare una nuova direzione, una nuova piega, alla propria esistenza. Tra i vari messaggi che abbiamo ricevuto abbiamo pensato di contattare...

Nella puntata di oggi si parla ☒ di cambiamenti importanti nella vita di una persona.

▶ 34 **2b Lösung**

Foto A: Lara; Foto B: Alberto; Foto C: Gustavo

▶ 35 **2c Text / Lösung**

■ Ciao, Alberto, e grazie per averci inviato il tuo messaggio, che ha immediatamente stuzzicato la nostra curiosità. A quanto pare, hai deciso di dare una svolta alla tua vita, no?

▲ Sì, diciamo che è un periodo un po' particolare della mia vita: sto facendo il punto della situazione. Sto riflettendo sul mio passato, su tutto quello che ho fatto... o non ho fatto... fino ad ora. E sto pensando di cambiare qualcosa.

■ Facciamo un passo indietro. Puoi raccontarci come sei arrivato a questa conclusione?

▲ Certo. Dunque, sono nel settore bancario ormai da più di vent'anni: ho lavorato in qualità di impiegato per molti anni e poi sono diventato direttore di una filiale. All'inizio ero soddisfatto, ma dopo così tanto tempo, mi rendo conto di come il lavoro sia diventato monotono e meccanico.

■ Beh, posso capire. Il lavoro d'ufficio offre la sicurezza di un posto fisso, di uno stipendio mensile… ma immagino che alla lunga questo possa trasformarsi in monotonia.

▲ Sì, non riesco a immaginarmi di poter continuare la mia vita in questo modo. Avevo 19 anni quando sono entrato in questa filiale per la prima volta: sono sempre rimasto qui, nello stesso ufficio, per anni. Certo, ho avuto delle belle soddisfazioni in campo lavorativo, ma ho bisogno di nuovi stimoli… Ho sviluppato una vera e propria avversione per il lavoro d'ufficio e non sopporto di rimanere seduto tutto il giorno davanti allo schermo di un computer.

■ Insomma, si tratta di un cambiamento radicale il tuo…

▲ Sì, ho intenzione di prendermi una pausa, un periodo di tempo per me. Purtroppo la mia banca non offre la possibilità di ottenere un anno sabbatico e quindi…

■ … hai deciso di licenziarti…

▲ Sì, mi sono detto "Alberto, se non ora, quando?". Ho consegnato le dimissioni qualche giorno fa e lascerò definitivamente il posto di lavoro fra due mesi. Nel frattempo, farò due corsi di lingua per migliorare le mie conoscenze d'inglese e di portoghese…

■ Ah, un corso di portoghese. Interessante! Hai in cantiere di trasferirti in Brasile?

▲ Mah, chissà! Per ora ho comprato una bicicletta e ho intenzione di partire da Verona e arrivare in Portogallo sull'Oceano Atlantico. Farò un lungo viaggio attraverso l'Europa: mi permetterà di staccare la spina e potrò riflettere sul mio futuro.

■ Ma cosa ti piacerebbe fare dopo?

▲ Beh, ho sempre sognato di dedicarmi alla mia passione, la scrittura. Naturalmente non sogno di diventare giornalista a 40 anni e neppure uno scrittore famoso… Però ci sono anche altre professioni dove la creatività è richiesta. Vorrei lavorare come content writer, insomma lavorare alla creazione di contenuti, per esempio articoli su giornali online, descrizione di prodotti, pubblicità… Al mio ritorno mi iscriverò a un corso di scrittura creativa e successivamente farò un corso per ottenere una certificazione in content writing. Inoltre, per muovere i primi passi in questo ambito, sfrutterò alcuni contatti che ho per ottenere i primi incarichi da freelancer.

■ Mi sembra di capire che hai le idee abbastanza chiare su quello che non vuoi fare e un'idea abbastanza precisa su come potrà essere il futuro.

▲ Sì. Di una cosa sono sicuro. Prima del mio cinquantesimo compleanno avrò avviato la mia carriera come content writer e avrò vissuto per un lungo periodo all'estero. Insomma, non è mai troppo tardi per cambiare il proprio percorso!

■ Grazie, Alberto, per aver condiviso con noi una decisione così importante e in bocca al lupo per tutto! E ora passiamo…

La svolta di Alberto consiste ☒ nel lasciare definitivamente il lavoro d'ufficio.

▶ 35 2d Lösung

	vero	falso
1. Per Alberto il lavoro in banca è sempre stato noioso e ripetitivo.	☐	☒
Con il tempo il lavoro in banca è diventato monotono e meccanico.		
2. Alberto ha sviluppato un odio verso il lavoro d'ufficio.	☒	☐
3. La banca di Alberto offre come benefit un anno sabbatico.	☐	☒
La banca di Alberto non offre la possibilità di fare un anno sabbatico come benefit aziendale.		
4. Dopo aver lasciato il lavoro, partirà per il Brasile.	☐	☒
Dopo aver lasciato il lavoro, farà un viaggio in bici fino all'Oceano Atlantico.		
5. Il sogno di Alberto è di diventare scrittore o giornalista.	☐	☒
Non sogna di diventare scrittore o giornalista a 40 anni.		
6. Al ritorno frequenterà un corso di scrittura creativa.	☒	☐

▶ 36 2e Text / Lösung

1. ■ Ho sentito che Antonello vuole dare una svolta alla sua vita.
   - ● Sì, ha parlato con il suo capo e si è licenziato.
   - ■ E che cosa ha intenzione di fare?
   - ● Ha intenzione di fare un corso avanzato di inglese e un corso di latino.
   - ■ E poi, che cosa farà?
   - ● Si iscriverà / S'iscriverà all'università e studierà Medicina. Il suo sogno è quello di diventare medico.
2. ■ Ho sentito che Carla vuole dare una svolta alla sua vita.
   - ● Sì, ha divorziato da suo marito.
   - ■ E che cosa ha intenzione di fare?
   - ● Ha intenzione di partire per l'India.
   - ■ E poi, che cosa farà?
   - ● Entrerà in una comunità Ashram e intraprenderà un cammino spirituale. Il suo sogno è quello di diventare guru yogi.

E3 È possibile che siano destinate a sparire

▶ 37 **3a Hören Sie das Gespräch zwischen Marina und Riccardo. Welches Bild passt thematisch dazu?**

A  ☐

B  ☐

C  ☐

▶ 37 **3b Hören Sie das Gespräch noch einmal: Auf welche Branchen beziehen sich Marina und Riccardo?**

☐ medicina ☐ turismo ☐ istruzione

☐ trasporto pubblico ☐ gastronomia ☐ commercio

▶ 37 **3c Hören Sie noch einmal: Wer äußert welche Prognose? Tragen Sie M für Marina oder R für Riccardo ein.**

1. R In futuro i robot serviranno nei ristoranti.
2. ____ Probabilmente figure professionali come il medico e lo psicologo non verranno rimpiazzate dai robot.
3. ____ Le macchine diventeranno autonome attraverso l'intelligenza artificiale.
4. ____ Nasceranno nuove figure professionali in ambito etico.
5. ____ Probabilmente la scienza creerà nuovi scenari imprevedibili.

▶ 38 **3d Nehmen Sie nun mithilfe der Angaben Stellung zu den folgenden Zukunftsszenarien. Achten Sie dabei auf die Verwendung des „congiuntivo“.**

Esempio probabile – i robot prendono il posto dei cuochi in cucina

- ■ Secondo te, anche i cuochi sono una di quelle professioni destinate a sparire?
- ● Sì, **è probabile che** presto i robot **prendano** il posto dei cuochi in cucina.

1. possibile – i punti di raccolta per la consegna e il ritiro dei pacchi e la posta elettronica rimpiazzano la tradizionale posta e i postini
2. probabile – presto droni e macchine per la raccolta automatica sostituiscono i contadini
3. può darsi – dispositivi e tecnologie digitali rendono la figura del bibliotecario obsoleta
4. non sono convinto / convinta – l'intelligenza artificiale può tradurre le sfumature di significato come fanno gli interpreti e i traduttori

E3 È possibile che siano destinate a sparire

▶ 37 **3a Text / Lösung**

■ Riccardo, hai letto quest'articolo?

● Quale? Ah, stai parlando della ricerca condotta da quell'università britannica?

■ Sì, mi sembra che proponga una visione quasi catastrofica riguardo alle prospettive lavorative del futuro. Stando a quello che dicono i ricercatori, è probabile che molto presto i robot o i computer prendano il posto degli uomini in alcune professioni.

● Beh, a me sembra che non dicano nulla di nuovo. Il mondo del lavoro è sempre stato in continua evoluzione, ma con l'avvento della tecnologia, è cambiato a una velocità ancora maggiore. È possibile quindi che molte professioni di oggi siano destinate a scomparire o vengano svolte dai robot. Allo stesso tempo è probabile che nascano altre figure, altri lavori... È sempre stato così...

■ Beh, quello che trovo incredibile è che l'articolo parli di attività che richiedono una certa attenzione. Pensa, nella classifica delle professioni destinate a scomparire gli autisti e i tassisti sono al terzo posto...

● E dov'è la novità? In molte città di tutto il mondo la metropolitana funziona senza autista e ci sono già dei prototipi di auto a guida automatica. Io non vedo l'ora di avere una macchina che va da sola...

■ E dovremmo affidarci a sensori e a robot? Ho letto che l'esperimento con la prima auto a guida completamente automatica è stato un fallimento.

● La tecnologia deve essere collaudata prima di essere messa a disposizione di tutti. Sono incidenti di percorso... E quali altre professioni sono destinate a sparire, secondo la classifica?

■ Al secondo posto ci sono gli operatori turistici che lavorano in agenzie di viaggi... che però non verranno sostituiti da robot, ma da grandi portali Internet.

● Beh, questo sta già succedendo. Io non mi rivolgo a un operatore turistico da almeno quindici anni. Ormai si fa tutto online.

■ Comunque, nella classifica al primo posto ci sono i cassieri e i camerieri. Già oggi al supermercato esistono le casse automatiche, quindi immagino che presto i cassieri e le cassiere vengano rimpiazzate dai computer. E anche il personale di sala è una figura professionale destinata a scomparire...

● Non ci vedo nulla di male. Molti ristoranti utilizzano tablet o smartphone per le ordinazioni ed è possibile che molto presto dei piccoli robot ci servano cibo e bevande direttamente al tavolo.

- Sì, ma in questo modo si perderà il contatto con il cliente: non si potranno più scambiare quattro chiacchiere con la cassiera e non si potrà più chiedere al cameriere che cosa consiglia.
- Ma meno male! Se c'è una cosa che odio, è lo small talk alla cassa o al ristorante.
- Riccardo, che scontroso che sei! Comunque, ci sono molte altre professioni che necessitano di qualità umane come l'empatia, la solidarietà. Sto pensando al rapporto tra medico e paziente, per esempio. Non sono per nulla convinta che la figura dello psicologo possa essere sostituita da una macchina.
- Sì, su questo sono d'accordo. Però esistono già dei robot che vengono usati in sala operatoria per delle operazioni di routine. Naturalmente è il chirurgo che comanda e che guida i robot. Ma è possibile che, con lo sviluppo dell'intelligenza artificiale, si arrivi a una maggiore autonomia delle macchine.
- Bah, io non mi fiderei a farmi operare da un robot... Comunque... Può darsi che l'introduzione dei robot porti a una maggiore disoccupazione, no?
- Mah, io spero che in futuro gli Stati decidano di introdurre il reddito incondizionato per i cittadini. E poi è possibile che la robotizzazione porti alla nascita di alcune professioni oggi non esistenti.
- Per esempio?
- Di fronte ai grandi progressi della scienza in ambiti come la cibernetica e la clonazione è possibile che siano necessarie nuove figure, per esempio dei filosofi specialisti in etica.
- Sì, hai ragione. Effettivamente, è possibile che la scienza porti a degli scenari sconosciuti con delle conseguenze imprevedibili.
- Sì, questi filosofi dovranno valutare le scelte fatte dagli scienziati e aiutarli a prendere decisioni etiche in vari ambiti... e magari decidere se impiegare dei robot nella psicologia o nella chirurgia.
- Bah, non mi ci far pensare... Comunque, l'articolo conclude con una nota abbastanza generica, con la quale sono d'accordo: i robot prenderanno il posto degli uomini in lavori pesanti, difficili e pericolosi. Che ne pensi?
- Sì, concordo. Lavori pesanti e pericolosi verranno svolti da macchine e robot.

Zum Dialog passt Foto C.

▶ 37 **3b Lösung**

☒ medicina ☒ turismo ☒ trasporto pubblico ☒ gastronomia ☒ commercio

▶ 37 3c Lösung

1. *R* In futuro i robot serviranno nei ristoranti.
2. *M* Probabilmente figure professionali come il medico e lo psicologo non verranno rimpiazzate dai robot.
3. *R* Le macchine diventeranno autonome attraverso l'intelligenza artificiale.
4. *R* Nasceranno nuove figure professionali in ambito etico.
5. *M* Probabilmente la scienza creerà nuovi scenari imprevedibili.

▶ 38 3d Text / Lösung

1. ■ Secondo te, il lavoro del postino è destinato a sparire?
   ● Sì, è possibile che i punti di raccolta per la consegna e il ritiro dei pacchi e la posta elettronica rimpiazzino la tradizionale posta e i postini.
2. ■ Secondo te, il lavoro del contadino è destinato a sparire?
   ● Sì, è probabile che presto droni e macchine per la raccolta automatica sostituiscano i contadini.
3. ■ Secondo te, il lavoro del bibliotecario è destinato a sparire?
   ● Sì, può darsi che dispositivi e tecnologie digitali rendano la figura del bibliotecario obsoleta.
4. ■ Secondo te, il lavoro degli interpreti e dei traduttori è destinato a sparire?
   ● No, non sono convinto / convinta che l'intelligenza artificiale possa tradurre le sfumature di significato come fanno gli interpreti e i traduttori.

F Tutto questo mi fa stare bene

F1 Ha dei benefici per la salute

▶ 39 **1a Hören Sie das Interview mit dem Personal Trainer und Ernährungsberater Roberto Virzì. Worum geht es in dem Interview hauptsächlich?**

Nell'intervista si parla di
☐ disturbi alimentari.
☐ allergie alimentari.
☐ tipi di alimentazione.
☐ diete dimagranti.

▶ 39 **1b Hören Sie das Interview noch einmal und ordnen Sie die Bezeichnungen der Ernährungsformen den passenden Lebensmittelgruppen zu.**

pescetarianismo • fruttarismo • (latto-ovo-)vegetarianismo • veganismo

1. ______________________

2. ______________________

3. ______________________

4. ______________________

▶ 39 **1c Hören Sie das Interview noch einmal und entscheiden Sie: richtig oder falsch?**

		vero	falso
1.	In Italia essere vegetariani o vegani è visto solo come una moda.	☐	☐
2.	L'uso improprio di parole crea pregiudizi su veganismo e vegetarianismo.	☐	☐
3.	Una dieta senza carne previene le malattie cardiache e il diabete.	☐	☐
4.	Consumando frutta secca si può prevenire un'eventuale carenza di ferro.	☐	☐
5.	Un'alimentazione vegetariana equilibrata non causa deficit nutrizionali.	☐	☐

▶ 40 **1d Hören Sie die Fortsetzung des Interviews und entscheiden Sie, worüber NICHT gesprochen wird.**

- ☐ carenze nutrizionali legate al veganismo
- ☐ ricette vegetariane e vegane
- ☐ motivi che portano al vegetarianismo
- ☐ rischi di una dieta vegana

1e Hören Sie die folgenden Ausschnitte aus dem Interview (mehrmals) und beantworten Sie die Fragen dazu.

▶ 41 1. Oltre ai motivi legati alla salute, quali sono gli altri motivi che spingono a diventare vegetariani?

a. *Alcuni diventano vegetariani perché* ______________________

____

b. ______________________

____

c. ______________________

____

▶ 42 2. Alcuni critici sostengono che i vegetariani non rispettano sempre l'ambiente al 100%. Perché?

____

____

▶ 43 3. È necessario rinunciare alla carne per seguire un'alimentazione sostenibile?

____

____

____

▶ 44 4. Quali alimenti vegetali si possono mangiare per soddisfare il proprio bisogno proteico?

____

____

▶ 45 **1f Sie werden auf dem „Festival del Fitness" in Rimini zum Thema Ernährung interviewt. Übernehmen Sie die Rolle ▲ und antworten Sie mithilfe der folgenden Angaben.**

■ Salve, posso farLe una domanda? Lei segue un'alimentazione sana e sostenibile?

Sie bejahen und sagen, dass Sie seit einigen Jahren Vegetarier / Vegetarierin sind. Sie haben damit angefangen, auf Fleisch zu verzichten (= rinunciare a) und vor zwei Jahren haben Sie dann auch aufgehört, Fisch zu essen.

▲ *Sì, sono vegetariano / vegetariana* ____________________

■ Ed è stato difficile cambiare le Sue abitudini alimentari?

Sie sagen, dass Ihnen Fisch nie besonders geschmeckt hat. Daher war es einfach, ihn nicht mehr zu essen. Mit dem Fleisch ist es schwieriger gewesen.

▲ ____________________

■ E perché ha preso questa decisione?

Sie antworten, dass Sie aus ethischen Gründen begonnen haben, eine vegetarische Ernährungsweise zu befolgen. Sie wollen nicht für die Schlachtung (= macellazione) von Tieren verantwortlich sein.

▲ ____________________

■ Una dieta vegetariana è considerata sana. Ha riscontrato dei benefici?

Sie bejahen und sagen, dass Sie keine Verdauungsstörungen (= problemi di digestione) mehr haben, seitdem Sie Vegetarier / Vegetarierin sind.

▲ ____________________

■ Una dieta vegetariana ha anche un minore impatto negativo sull'ambiente ed è più sostenibile. Lei cosa fa a riguardo?

Sie sagen, dass Sie die Herkunft von Obst und Gemüse prüfen und möglichst nur regionale Produkte kaufen.

▲ ____________________

■ Grazie mille!

F1 Ha dei benefici per la salute

▶ 39 **1a Text / Lösung**

■ Siamo al "Festival del Fitness" di Rimini in compagnia del personal trainer, dietologo e nutrizionista Roberto Virzì per parlare di salute, benessere e alimentazione... e anche del suo ultimo libro. Salve, grazie di essere con noi.

● Salve e grazie a voi.

■ Nel tuo ultimo libro, che fra l'altro ha ottenuto un grande successo, presenti i benefici di una dieta vegetariana sotto vari punti di vista. Fino ad alcuni anni fa essere vegetariani o vegani era considerata una tendenza del momento, spesso legata anche a movimenti spirituali come la New Age. Oggi, invece, l'alimentazione vegetariana è lo stile di vita del 10% degli italiani.

● Sì, che non sia più una tendenza, lo dimostra l'attenzione dell'industria alimentare che si è adeguata ai cambiamenti della società e offre oggi, accanto a ricette tradizionali, anche varianti vegetariane. Oggi, nei supermercati, accanto alle lasagne con il ragù di carne, si possono trovare anche lasagne con ragù di seitan o tofu. Fino a qualche anno fa era impensabile.

■ E tuttavia esistono ancora dei pregiudizi nei confronti dei vegetariani e dei vegani. Da alcuni sono considerati come persone che non si sanno godere il cibo e le cose buone della vita... Da altri sono visti addirittura come degli estremisti...

● Sì, alcune volte questi pregiudizi nascono dalla mancanza di conoscenza del fenomeno e dall'utilizzo poco corretto di parole e definizioni. Si confondono i vegetariani con i vegani e i vegani con i fruttariani, per esempio.

■ Ecco, appunto, cerchiamo di fare un po' di chiarezza.

● Dunque, si parla di vegetarianismo quando si segue una dieta che evita la carne e altri prodotti derivati dall'uccisione di un animale, compreso il pesce. Il più delle volte, i vegetariani sono latto-ovo-vegetariani, cioè consumano sia latticini che uova.

■ Quindi i vegetariani consumano prodotti animali come il latte, ma non la loro carne e neanche il pesce. È un malinteso piuttosto comune. La mia compagna è vegetariana e spesso al ristorante le indicano il pesce sul menù.

● Beh, in questo caso si dovrebbe parlare di pescetarianismo. I pesco-vegetariani escludono il consumo di carne, ma, come dice la parola stessa, mangiano il pesce. Quindi no alla carne e ai suoi derivati, ma sì al pesce.

■ Veniamo ora al veganismo e al fruttarismo. Che differenze ci sono?

● Nella cucina vegana si esclude qualsiasi prodotto di origine animale, compresi il latte, le uova e il miele. I vegani mangiano cereali, legumi, tofu e naturalmente frutta e verdura. Il fruttarismo è una forma estrema di veganismo che prevede un'alimentazione prevalentemente a base di frutta fresca o frutta secca e semi.

- Ma concentriamoci sul vegetarianismo. Quali sono le motivazioni che spingono le persone a scegliere un regime alimentare senza carne?
- Beh, una prima motivazione che spinge a diventare vegetariani è di carattere salutista. Seguire una dieta vegetariana ha dei benefici per la salute e vari studi hanno messo in luce i vantaggi di questa alimentazione. In modo particolare, sembra che l'eliminazione della carne dalla propria dieta prevenga alcune patologie come il diabete. In una dieta vegetariana si eliminano i grassi saturi della carne, portando a bassi livelli di colesterolo e prevenendo i pericoli di malattie cardiache.
- Non solo, a quanto sembra. Nel tuo libro accenni anche a degli studi sulla relazione tra il vegetarianismo e la prevenzione di malattie gravi come i tumori.
- Sì, uno studio ha rivelato che un'alimentazione priva di carne riduce del 21% il rischio di alcune forme di tumore, come il cancro al colon. Ma, in generale, privilegiare il consumo di frutta e verdura abbassa notevolmente il rischio di molte malattie tipiche del nostro secolo, come ad esempio l'ipertensione e l'obesità.
- Quindi un'alimentazione vegetariana sembra presentare solo aspetti positivi per la salute. Tuttavia spesso si sottolineano le carenze nutrizionali che possono sorgere. Quali sono i rischi di una dieta di questo tipo?
- Dunque, una difficoltà dell'alimentazione vegetariana è l'assorbimento di ferro, un minerale essenziale per il nostro organismo. Il ferro di origine animale è presente in abbondanza in carne e interiora. Il ferro di origine vegetale lo si trova nella verdura a foglia verde, nella frutta secca e nelle alghe. Tuttavia questo tipo di ferro, il ferro vegetale, può essere assorbito bene dall'organismo solo se assunto con alimenti ricchi di vitamina C.
- Quindi assumendo alimenti vegetali come ad esempio la rucola, in combinazione con alimenti ricchi di vitamina C come i limoni o i peperoni, si può compensare questo deficit.
- Sì, esatto. Anche gli acidi grassi, i famosi Omega 3, sono importanti per il nostro organismo, soprattutto per il nostro sistema immunitario, perché hanno un effetto antinfiammatorio. Sono contenuti soprattutto nel pesce, quindi per i pesco-vegetariani non è un problema. Per chi, invece, non consuma pesce, l'alternativa può essere la frutta secca o certi oli vegetali, come l'olio di semi di lino.
- Beh, la frutta secca si rivela in questo caso un alimento chiave per la dieta vegetariana.
- Sì, la frutta secca a guscio è molto ricca di vitamine, come la vitamina B ed E. Inoltre, è ricchissima di sali minerali come magnesio, potassio, ferro, rame e di fibre. Insomma, seguendo un'alimentazione vegetariana ben bilanciata non s'incorre il pericolo di carenze nutrizionali.
- Dunque, riassumendo, possiamo dire che molti scelgono di diventare vegetariani perché spinti da una motivazione salutista, legata alla salute... Ma veniamo ora...

Nell'intervista si parla di ☒ tipi di alimentazione.

▶ 39 **1b Lösung**

1. fruttarismo; 2. pescetarianismo; 3. (latto-ovo-)vegetarianismo; 4. veganismo

▶ 39 **1c Lösung**

	vero	falso
1. In Italia essere vegetariani o vegani è visto solo come una moda. *In passato era visto come una moda, oggi è lo stile di vita di molti italiani.*	☐	☒
2. L'uso improprio di parole crea pregiudizi su veganismo e vegetarianismo.	☒	☐
3. Una dieta senza carne previene le malattie cardiache e il diabete.	☒	☐
4. Consumando frutta secca si può prevenire un'eventuale carenza di ferro. *Consumando verdura a foglia verde, alghe e frutta secca con alimenti ricchi di vitamina C si previene una carenza di ferro.*	☐	☒
5. Un'alimentazione vegetariana equilibrata non causa deficit nutrizionali.	☒	☐

▶ 40 **1d/e Text**

▶ 41 ■ Dunque, riassumendo, possiamo dire che molti scelgono di diventare vegetariani perché spinti da una motivazione salutista, legata alla salute... Ma veniamo ora alle altre motivazioni. Quali sono le altre ragioni per cui si decide di seguire un'alimentazione vegetariana?

● Dunque, alcuni decidono di non mangiare carne e derivati per sensibilità personale, perché non sopportano di mangiare animali morti. Il pensiero di consumare carne animale dà ribrezzo o fastidio.

■ E questa è la ragione per cui la mia compagna non mangia carne da anni. Le dà proprio fastidio pensare di mangiare... carne animale.

● Esatto. In altri casi, invece, si tratta di ragioni etiche o ideologiche. I vegetariani non mangiano carne animale per amore ed empatia nei confronti degli animali. Sono contrari al trattamento degli animali in allevamenti intensivi, in cui per esempio polli o galline sono rinchiusi in spazi piccolissimi, affollati e con scarse condizioni igieniche.

■ In questi allevamenti intensivi la vita degli animali è solo funzionale al ciclo economico-produttivo. Non è così?

● Sì, gli animali vengono pompati di antibiotici per evitare malattie e infezioni... e il loro ciclo di vita è piuttosto breve perché sono destinati alla macellazione.

■ Sì, anche questa motivazione è piuttosto comprensibile se si amano gli animali.

● Infine, spesso i vegetariani sono convinti che un'alimentazione di questo tipo abbia conseguenze positive sull'ambiente. L'industria della carne è oggi uno dei principali responsabili di emissioni di gas e la produzione di carne comporta un grande utilizzo di terreni agricoli e di risorse naturali come l'acqua.

▶ 42 ■ Molti però criticano questa motivazione, sostenendo che non sempre i vegetariani seguono una dieta che rispetta l'ambiente al 100%. Per esempio, spesso si consuma frutta non di stagione, proveniente da Paesi lontani, e il trasporto di questi prodotti ha un grande impatto sull'ambiente.

● Dunque, in generale, un'alimentazione vegetariana è un'alimentazione più sostenibile, ma bisogna tenere in considerazione anche la biodiversità e gli ecosistemi. Essere vegetariani e consumare frutta non di stagione e importata, non è una scelta etica e ambientale.

■ Quindi solo frutta e verdura di stagione: le fragole in primavera, i fichi in autunno, le arance in inverno...

● Esatto. Inoltre, quando si fa la spesa, è opportuno fare attenzione alla provenienza regionale dei prodotti: per esempio, decidere di comprare le albicocche da un Paese lontano in inverno ha un impatto non trascurabile sull'ambiente.

▶ 43 ■ E per chi non riesce a fare a meno della carne? È necessario diventare vegetariani per seguire un'alimentazione sostenibile?

● Non serve essere vegetariani per salvare l'ambiente, ma è necessario ridurre il consumo di carne fino ad almeno una o due porzioni alla settimana. Inoltre, è importante assicurarsi della provenienza e scegliere carne biologica o comunque carne proveniente da allevamenti sostenibili.

▶ 44 ■ Quali altri alimenti ricchi di proteine si possono mangiare al posto della carne?

● Beh, sicuramente le uova e i latticini. Ma anche i legumi, per esempio la soia e le lenticchie, i cereali e la famosa frutta secca. Tutti questi alimenti contengono molte proteine che possono sostituire la carne e permettono di avere un'alimentazione completa ed equilibrata.

■ La frutta secca sembra essere un toccasana, dovrei consumarne di più! Roberto, grazie mille per la disponibilità e il tempo concessoci.

▶ 40 **1d Lösung**

☒ carenze nutrizionali legate al veganismo

☒ ricette vegetariane e vegane

☒ rischi di una dieta vegana

▶ 41–44 **1e Mögliche Lösung**

1. a. *Alcuni diventano vegetariani perché non sopportano l'idea di mangiare la carne di animali morti.*

   b. *Altri diventano vegetariani perché amano gli animali e sono contrari al loro trattamento in allevamenti intensivi e alla loro macellazione.*

   c. *Altri decidono di diventare vegetariani perché credono che l'alimentazione vegetariana abbia effetti positivi sull'ambiente.*

2. *Perché spesso si compra frutta non di stagione, importata da Paesi lontani. E il trasporto di questa frutta ha un impatto negativo sull'ambiente.*
3. *Per seguire un'alimentazione sostenibile basta ridurre il consumo di carne a una o due porzioni alla settimana. È meglio comprare carne biologica o quella proveniente da allevamenti sostenibili.*
4. *(Per soddisfare il proprio bisogno proteico si possono mangiare) i legumi, i cereali e la frutta secca.*

▶ 45 **1f Text / Lösung**

■ Salve, posso farLe una domanda? Lei segue un'alimentazione sana e sostenibile?

▲ Sì, sono vegetariano / vegetariana da qualche anno / da qualche anno sono vegetariano / vegetariana. Ho iniziato a rinunciare alla carne e poi due anni fa ho smesso anche di mangiare pesce.

■ Ed è stato difficile cambiare le Sue abitudini alimentari?

▲ Il pesce non mi è mai piaciuto molto / particolarmente. Quindi / Per questo motivo / Così è stato facile non mangiarlo più. Con la carne è stato più difficile.

■ E perché ha preso questa decisione?

▲ Ho iniziato a seguire un'alimentazione vegetariana per ragioni etiche / motivi etici. Non voglio essere responsabile della macellazione di animali.

■ Una dieta vegetariana è considerata sana. Ha riscontrato dei benefici?

▲ Sì, non ho più problemi di digestione da quando sono vegetariano / vegetariana.

■ Una dieta vegetariana ha anche un minore impatto negativo sull'ambiente ed è più sostenibile. Lei cosa fa a riguardo?

▲ Controllo la provenienza della frutta e della verdura e, se possibile, compro solo prodotti regionali.

■ Grazie mille!

F2 Da domani inlzio anch'io!

▶ 46 **2a In einer Chatgruppe schicken sich vier Freunde ein paar Sprachnachrichten hin und her. Hören Sie die Sprachnachrichten und geben Sie an, wofür sich die Freunde entscheiden.**

Gli amici decidono di

☐ anticipare ☐ posticipare ☐ cancellare l'appuntamento.

▶ 46 **2b Hören Sie die Sprachnachrichten erneut und ordnen Sie die Namen den Fotos zu.**

Patrizia • Alessio • Sofia • Carlo

1. ______________

2. ______________

3. ______________

4. ______________

▶ 47 **2c Alessio, Carlo, Patrizia und Sofia treffen sich zum vereinbarten Termin. Hören Sie die Unterhaltung und entscheiden Sie, was die Freunde Alessio vorschlagen.**

Gli amici propongono ad Alessio alcune attività

☐ per dimagrire e rimettersi in forma.

☐ per ritrovare un equilibrio psicofisico.

▶ 47 **2d Hören Sie die Unterhaltung erneut. Welches Foto passt zu wem?**

lo yoga: ______________

la corsa: ______________

la palestra: ______________

la meditazione: ______________

▶ 48 **2e Verbinden Sie die linke mit der rechten Spalte und hören Sie anschließend zur Kontrolle.**

1. Dovendo preparare un pitch,
2. Scambiando quattro chiacchiere con un collega,
3. Anche avendo poco tempo,
4. Facendo yoga,
5. Concentrandosi sul proprio corpo,
6. Divenendo consapevoli di sé,
7. Tenendo gli occhi chiusi,

a. si riesce sempre a trovare un momento per lo yoga.
b. si possono raggiungere la calma e la pace interiore.
c. lavoriamo anche il sabato a volte.
d. ho scoperto un sito Internet.
e. si possono controllare le emozioni o i pensieri negativi.
f. mi concentro sulla respirazione.
g. ho trovato un nuovo equilibrio interiore.

▶ 49 **2f Sie geben nun Auskunft über die Aktivitäten, denen sich die folgenden Personen für ihr Wohlbefinden widmen. Antworten Sie mithilfe der Angaben, wie im Beispiel.**

Esempio ■ Ho visto Carla l'altro giorno e l'ho trovata cambiata!

● Sì, praticando la danza del ventre, ha acquisito maggiore sicurezza e consapevolezza di sé.

0. Carla:
praticare la danza del ventre – acquisire maggiore sicurezza e consapevolezza di sé

1. Matteo:
correre 45 minuti al giorno – dimagrire di qualche chilo

2. Susanna:
meditare ogni giorno – ritrovare il suo equilibrio interiore

3. Gherardo:
fare sport regolarmente – migliorare il suo benessere psicofisico

F2 Da domani inizio anch'io!

▶ 46 **2a Text / Lösung**

■ Ragazzi, ho un avuto un contrattempo. Stasera non riesco a liberarmi prima delle sette. Il mio capo ha indetto una riunione straordinaria a cui devo partecipare e l'ho appena saputo. Scusate, non ce la faccio proprio prima delle otto e mezza. Per voi va bene? Altrimenti dobbiamo cancellare l'appuntamento. Questa settimana è stata infernale. Fatemi sapere.

● Di nuovo, Alessio? Ma anche la scorsa settimana sei rimasto fino a tardi in ufficio. Comunque, per me non ci sono problemi. Anzi, meglio fare un po' più tardi. Così dopo il lavoro passo da casa, prendo la borsa dello sport e vado a fare un po' di pesi. Anche per me oggi è stata una giornata piena. Quindi è meglio che vada a sfogarmi un po' in palestra prima che ci vediamo. Sofia, Patrizia, per voi va bene?

▲ Carlo, ma anche oggi vai in palestra? Che fanatico! La prossima settimana io non ci sono, quindi preferirei non cancellare l'appuntamento. Direi di vederci! Io sto finendo di lavorare e poi sono libera. Sentiamo cosa dice Sofia, ma penso che anche per lei non ci siano problemi. Alle otto e mezza in Piazza Maggiore?

◆ Ragazzi, vi lascio un messaggio breve perché sono di fretta. Sono un po' presa perché c'è stata un'emergenza qui in ospedale. Però per le otto e mezza ce la faccio. A dopo!

Gli amici decidono di ☒ posticipare l'appuntamento.

▶ 46 **2b Lösung**

1. Alessio; 2. Carlo; 3. Patrizia; 4. Sofia

▶ 47 **2c Text / Lösung**

■ Ragazzi, scusate per questo cambio di programma improvviso, ma anche oggi sono rimasto in ufficio fino alle sette e mezza.

▲ Caspita! Ma è sempre così?

■ È un periodo veramente stressante... La nostra agenzia pubblicitaria sta cercando di ottenere un contratto con una casa automobilistica e quindi, dovendo preparare un pitch, lavoriamo anche il sabato a volte.

◆ Beh, io non ce la farei a mantenere quei ritmi. Pensa anche alla tua salute... soprattutto quella mentale!

■ Mi sembra di essere entrato in un vortice e di non riuscire ad uscirne... Sembra che la mia vita giri tutta attorno al lavoro...

● Alessio, hai bisogno di fare un po' di sport! Dai, vieni con me in palestra. Vedrai che un po' di sana attività fisica ti fa passare lo stress! E soprattutto... non ti fa pensare ai problemi!

▲ Carlo, ma tu, facendo il broker, come fai a trovare il tempo per la palestra?

● Beh, il tempo lo trovo. È vero, sono spesso sotto pressione e ho dei ritmi abbastanza intensi. Ma la palestra mi aiuta a staccare la spina. Andandoci regolarmente quattro giorni alla settimana, mi aiuta non solo a mantenermi in forma, ma anche a scaricare la tensione.

■ Quattro giorni alla settimana?

● Sì, e gli altri tre giorni faccio jogging prima di andare al lavoro. Correndo mi sento veramente libero: è un'ottima terapia contro lo stress quotidiano. Mi metto le cuffiette, mi ascolto il mio podcast preferito, "Crime Prime", e la mia mente inizia a vagare. Il tempo vola e non sento neanche la stanchezza. Dai, vieni con me che ci divertiamo!

■ No, no, sono troppo pigro. Poi ora che è inverno, fa troppo freddo.

▲ Beh, neppure io sono una sportiva. Però dovresti fare qualcosa per il tuo benessere psicofisico. Pensa che qualche mese fa avevo un forte esaurimento nervoso ed ero sull'orlo del burn-out. Lavorando da casa e stando davanti al computer tutto il giorno, ho sentito il bisogno di fare qualcosa e di muovermi un po'. Naturalmente non volevo iscrivermi in palestra, che, come sapete, non fa proprio per me...

● Sì, Patrizia, lo sappiamo. Ti sei iscritta e poi ci sei andata solo due volte...

▲ Non sono neppure una grande amante di corsi di gruppo. Lo yoga, però, mi ha sempre affascinata. Così, scambiando quattro chiacchiere con un collega, ho scoperto un sito Internet, "Yoga with Laura", e sono entrata nel magico mondo yogi.

◆ Ma si tratta di veri e propri corsi online?

▲ No, non proprio. L'istruttrice carica dei video tra i 15 e i 45 minuti in cui spiega la sequenza delle attività e le posizioni. Si può scegliere cosa fare in base alle proprie esigenze. Anche avendo poco tempo, si riesce sempre a trovare un momento per una sessione di "Yoga with Laura".

◆ Ma pensa un po'! Anche lo sport si è digitalizzato. Beh, alla fine mi sembra molto pratico: bastano un materassino e una connessione Internet.

▲ Sì, e la cosa bella è che questi video sono tutti gratuiti! Laura guadagna facendo pubblicità ad alcuni prodotti durante le sessioni, per esempio al materassino o al suo smartwatch.

■ Ma hai riscontrato dei benefici da quando lo pratichi?

▲ Sono più serena e più calma. Lo yoga mi ha aiutato a combattere l'ansia e a rilassarmi. Inoltre, ho tonificato i muscoli, ho sviluppato maggiore elasticità e ho migliorato la mia resistenza fisica.

● Mah, non lo so, per scaricare l'energia negativa io ho bisogno di correre, sudare, fare sforzo fisico.

■ A me sembra molto interessante. Forse è quello che fa al caso mio. Ho bisogno di liberare la mente, di svuotarla da ogni pensiero...

▲ Credimi, quando faccio questi esercizi, sono così attenta e concentrata a non sbagliare, che mi dimentico tutti i problemi! Facendo yoga, ho trovato un nuovo equilibrio interiore.

◆ Sì, sono d'accordo. Concentrandosi sul proprio corpo, si possono raggiungere la calma e la pace interiori. Io non faccio yoga, ma da un anno seguo un percorso di mindfulness...

● E che cos'è? L'ultima trovata che viene dall'estero?

◆ Beh, è una pratica che ha le sue origini nel buddismo. In un percorso di mindfulness si cerca di arrivare a una maggiore consapevolezza di sé e del momento presente. E lo si fa attraverso delle tecniche di meditazione. Insomma, divenendo consapevoli di sé e meno critici nei propri confronti, si possono controllare le emozioni e i pensieri negativi.

● Insomma, Sofia, ti stai preparando a diventare un'asceta?

◆ Carlo, sei il solito spiritoso. Non è una forma di trance o un'esperienza mistica, intendiamoci. A me ha aiutato molto a concentrarmi sul presente.

▲ Ah, sì, mi sa che ne ho sentito parlare.

■ Ma come funziona? In pratica, che cosa devi fare?

◆ Scelgo un momento tranquillo, metto le luci soffuse e mi siedo a terra con le gambe incrociate. Mi rilasso e, tenendo gli occhi chiusi, mi concentro sulla respirazione: inspiro... ed espiro... E così, inspirando profondamente e poi espirando lentamente, cerco di raggiungere una consapevolezza del momento. E funziona! Dopo qualche minuto, tutto quello che mi circonda, sparisce.

● Mah, sarà... Ma se lo faccio io, mi addormento dopo due secondi. Dai, vieni in palestra con me!

■ Assolutamente no! Il percorso mindfulness sembra proprio fare al caso mio: nessuno sforzo fisico e nessuna fatica per cercare di raggiungere un equilibrio psicofisico. Da domani inizio anch'io!

Gli amici propongono ad Alessio alcune attività ☒ per ritrovare un equilibrio psicofisico.

▶ 47 **2d Lösung**

lo yoga: *Patrizia*; la corsa: *Carlo*; la palestra: *Carlo*; la meditazione: *Sofia*

▶ 48 **2e Lösung**

1. Dovendo preparare un pitch, — c. lavoriamo anche il sabato a volte.
2. Scambiando quattro chiacchiere con un collega, — d. ho scoperto un sito Internet.
3. Anche avendo poco tempo, — a. si riesce sempre a trovare un momento per lo yoga.
4. Facendo yoga, — g. ho trovato un nuovo equilibrio interiore.
5. Concentrandosi sul proprio corpo, — b. si possono raggiungere la calma e la pace interiori.
6. Divenendo consapevoli di sé, — e. si possono controllare le emozioni o i pensieri negativi.
7. Tenendo gli occhi chiusi, — f. mi concentro sulla respirazione.

▶ 49 **2f Lösung**

1. ■ Ho visto Matteo l'altro giorno e l'ho trovato in gran forma!
   ● Sì, correndo 45 minuti al giorno, è dimagrito di qualche chilo.
2. ■ Ho visto Susanna l'altro giorno e l'ho trovata più rilassata!
   ● Sì, meditando ogni giorno, ha ritrovato il suo equilibrio interiore.
3. ■ Ho visto Gherardo l'altro giorno e l'ho trovato in gran forma!
   ● Sì, facendo sport regolarmente, ha migliorato il suo benessere psicofisico.

F3 Ti consiglio di provare l'agopuntura

▶ 50 **3a Hören Sie das Telefonat zwischen Kledi und Alberto. Welche Fotos passen zu den Beschwerden, die Alberto schildert?**

☐

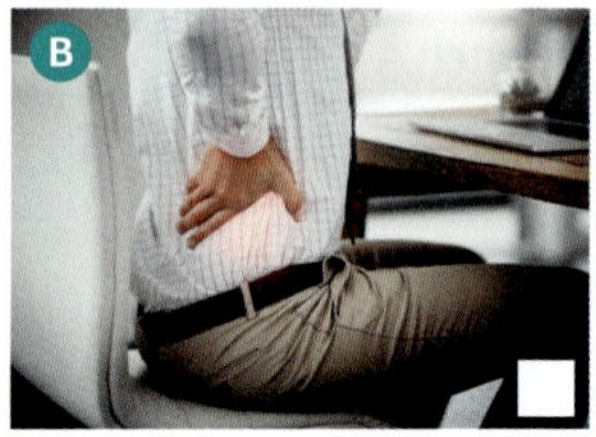

☐

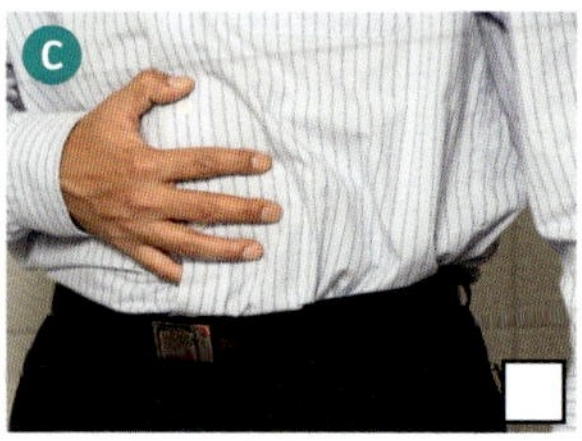

☐

☐

▶ 50 **3b Hören Sie das Telefonat noch einmal und vervollständigen Sie die Tabelle.**

Contro...	Il medico prescrive...	Kledi consiglia di provare...
il mal di testa:	______	______
il mal di collo:	______ ______	______ ______

▶ 50 **3c Alberto und Kledi sprechen auch über traditionelle und alternative Medizin. Welche alternativen Behandlungsmethoden werden erwähnt?**

☐ osteopatia ☐ agopuntura ☐ omeopatia
☐ medicina ayurvedica ☐ cromoterapia ☐ riflessologia plantare

▶ 50 **3d Hören Sie das Telefonat noch einmal und entscheiden Sie, welche Option jeweils passt.**

1. Contro il mal di pancia e il mal di stomaco Kledi ☐ prendeva ☐ non prendeva dei medicinali.
2. Kledi ha curato il mal di stomaco con ☐ la riflessologia plantare. ☐ l'omeopatia.
3. Secondo Kledi, con le cure alternative è necessaria ☐ prudenza. ☐ pazienza.
4. Alberto ☐ non ha mai ☐ ha già pensato di provare la medicina alternativa.

▶ 51 **3e Sie telefonieren mit Ihrer Freundin Anita, die gesundheitliche Beschwerden hat. Geben Sie ihr mithilfe der Angaben Ratschläge.**

	◆ Pronto?
Sie begrüßen Anita und fragen, wie es ihr geht.	▲ ______________________________
	◆ Eh, insomma, così così. È da qualche settimana che ho mal di stomaco e mal di pancia. Sono già stata dal medico, ma questi disturbi sembrano non passare...
Sie fragen Anita, was der Arzt ihr verschrieben hat.	▲ ______________________________
	◆ Bah, mi ha prescritto un medicinale da prendere quattro volte al giorno per il mal di stomaco.
Sie sagen, dass es Ihrer Meinung nach nicht gesund (= salutare) ist, so oft Medikamente zu nehmen. Sie empfehlen Anita, alternative Medizin auszuprobieren.	▲ ______________________________
	◆ Mah, non so... sono un po' scettica.
Sie sagen, dass Sie vor einigen Jahren an akuter Akne (= acne acuta) litten. Da Sie keine Antibiotika einnehmen wollten, haben Sie sich an einen homöopathischen Arzt (= medico omeopatico) gewendet. Die Therapie hat fast ein Jahr gedauert, aber Sie haben gute Ergebnisse (= risultati) erzielt.	▲ ______________________________
	◆ Un anno? Beh, io non posso andare avanti con questi dolori per un anno.
Sie sagen, dass es bei einer homöopathischen Behandlung wichtig ist, Geduld zu haben. Oft sieht man aber sehr schnell erste Verbesserungen.	▲ ______________________________
	◆ Mhmm, ascolta, lasciami il numero del tuo medico che provo a chiamare.

F3 Ti consiglio di provare l'agopuntura

▶ 50 **3a Text / Lösung**

- ● Pronto, Kledi?
- ■ Oi, Alberto! Ciao, come va?
- ● Beh, insomma... stanotte non ho chiuso occhio per l'ennesima volta.
- ■ Oddio, mi dispiace. Ma che succede?
- ● Guarda, è un periodo che dormo malissimo. Non riesco ad addormentarmi. Poi, la notte, mi giro e rigiro nel letto per ore, verso le cinque mi sveglio con dei dolori atroci al collo e non riesco più a prendere sonno. Non ce la faccio più.
- ■ Forse dormi in una posizione scorretta. Oppure i dolori sono legati al materasso. Magari è troppo morbido... oppure troppo duro!
- ● Bah, non lo so. È anni che uso questo materasso e non ho mai avuto problemi.
- ■ Ma hai anche altri disturbi? Non so... mal di schiena?
- ● Sì, verso metà pomeriggio ho degli attacchi fortissimi di mal di testa... delle emicranie che continuano fino a sera. Ed è per questo che non riesco a prendere sonno.
- ■ Ma stai prendendo qualcosa per i dolori?
- ● Sì, sono stato dal medico già due volte. Per il mal di testa mi ha prescritto un farmaco a base di paracetamolo, ma sembra non avere effetto.
- ■ E per il mal di collo?
- ● Per quanto riguarda i dolori al collo, la prima volta mi ha dato un antinfiammatorio a base di ibuprofene. La seconda volta, invece, visto che i dolori non passavano, mi ha dato un antinfiammatorio a base di cortisone.
- ■ Il cortisone? Mi sembra esagerato, però non sono medico. Secondo me, è importante fare attenzione a quali farmaci si prendono perché possono creare assuefazione. Contro il mal di testa ti consiglio di provare l'agopuntura.
- ● Non so, non l'ho mai provata. Tu dici che funziona?
- ■ È molto efficace contro le emicranie croniche e mi sembra di aver letto da qualche parte che sia addirittura più efficace di alcuni antidolorifici.
- ● Ah, interessante... E per il mal di collo? Che cosa mi consigli di fare?
- ■ Secondo me, dovresti andare da un osteopata e sottoporti a un trattamento osteopatico.
- ● Un osteopata... non ci avevo pensato. Sai che potrei provare? È che non mi sono mai affidato alla medicina alternativa.

■ Beh, secondo me, al giorno d'oggi si cerca di curare qualsiasi dolore con i medicinali e spesso si abusa dell'uso di farmaci. Ho sofferto per anni di mal di pancia e di mal di stomaco. Con i medicinali i dolori passavano, ma ritornavano anche nel giro di qualche mese.

● E poi, che hai fatto?

■ Mi sono rivolto a un medico omeopata, quindi a un medico laureato in medicina, ma con una formazione in omeopatia.

● Non so, la medicina omeopatica, l'agopuntura... sono sempre stato scettico a riguardo.

■ Queste cure sono più leggere e meno invasive della medicina tradizionale. Ciò vuol dire che è opportuno avere pazienza. Sono cure che richiedono una certa costanza e pazienza per ottenere dei risultati. La domanda è: sei disposto ad attendere che il dolore passi? O vuoi imbottirti di farmaci ma non avere dolori?

● Sì, però non voglio neppure continuare ad avere il mal di testa per un anno prima di aver trovato la cura adatta.

■ Preferisci rovinarti il fegato continuando la cura al cortisone? Le terapie alternative non presentano effetti collaterali così forti come i farmaci.

● Beh, però non tutte le medicine alternative sono scientificamente provate e riconosciute. La ricerca scientifica a riguardo è ancora limitata. Ecco perché molti di questi metodi non sono approvati dallo Stato e non sono sempre coperti dall'assicurazione sanitaria.

■ Certo, per patologie più importanti è fondamentale affidarsi alla medicina tradizionale. Non sto parlando di malattie gravi come forme di tumore o epatite. Ma penso che per alcune patologie più leggere sia importante provare altre strade. E poi è fondamentale trovare la terapia alternativa che fa al caso tuo.

● In che senso?

■ Nel senso che un metodo può essere utile per una persona, ma non per un'altra. Se vedi che non ottieni risultati positivi con l'agopuntura, è inutile insistere. Forse è opportuno passare a un'altra terapia, magari alla medicina ayurvedica.

● La medicina ayurvedica... Mhmm, ne ho già sentito parlare ...

Zum Dialog passen die Fotos A und D.

▶ 50 **3b Lösung**

Contro...	Il medico prescrive...	Kledi consiglia di provare...
il mal di testa:	*un farmaco a base di paracetamolo*	*l'agopuntura*
il mal di collo:	*un antinfiammatorio a base di ibuprofene e uno a base di cortisone*	*un trattamento osteopatico*

▶ 50 **3c Lösung**

☒ osteopatia ☒ agopuntura ☒ omeopatia ☒ medicina ayurvedica

▶ 50 **3d Lösung**

1. Contro il mal di pancia e il mal di stomaco Kledi ☒ prendeva dei medicinali.
2. Kledi ha curato il mal di stomaco con ☒ l'omeopatia.
3. Secondo Kledi, con le cure alternative è necessaria ☒ pazienza.
4. Alberto ☒ non ha mai pensato di provare la medicina alternativa.

▶ 51 **3e Text / Lösung**

◆ Pronto?

▲ Ciao, Anita. Come stai? / Come va?

◆ Eh, insomma, così così. È da qualche settimana che ho mal di stomaco e mal di pancia. Sono già stata dal medico, ma questi disturbi sembrano non passare...

▲ (E) che cosa ti ha prescritto il medico?

◆ Bah, mi ha prescritto un medicinale da prendere quattro volte al giorno per il mal di stomaco.

▲ Secondo me, non è salutare prendere medicinali così spesso. Ti consiglio di provare la medicina alternativa.

◆ Mah, non so... sono un po' scettica.

▲ Alcuni anni fa soffrivo di acne acuta e, visto che / dato che non volevo prendere antibiotici, mi sono rivolto / rivolta a un medico omeopatico. La terapia è durata quasi un anno, ma ho raggiunto buoni risultati.

◆ Un anno? Beh, io non posso andare avanti con questi dolori per un anno.

▲ Con una cura omeopatica è importante avere pazienza. Spesso, però, si vedono i primi miglioramenti molto rapidamente.

◆ Mhmm, ascolta, lasciami il numero del tuo medico che provo a chiamare.

G Si può fare di più!

G1 Bisogna cambiare il punto di vista

▶ 52 1a **Sie sind auf einer regionalen Konferenz zum Thema „Umwelt und Umweltschutz“. Hören Sie den Vortrag und entscheiden Sie, ob Carla Ubaldi eine Lösung für das Problem rund um das Thema Plastikmüll vorstellt.**

Carla Ubaldi

☐ presenta

☐ non presenta

una soluzione all'inquinamento da plastica.

▶ 52 1b **Hören Sie den Vortrag noch einmal: Auf welche Themen geht Carla Ubaldi ein?**

1. La plastica ha reso il nostro stile di vita più comodo. ☐
2. I governi non riescono a gestire la raccolta differenziata. ☐
3. L'inquinamento da plastica è causato sia dai singoli cittadini che dalle imprese. ☐
4. Il turismo è una delle cause dell'inquinamento dei mari. ☐
5. Le microplastiche hanno delle ripercussioni sulla nostra alimentazione. ☐
6. Per risolvere il problema dell'inquinamento è necessario cambiare abitudini. ☐
7. Lo *Zero Waste* è una filosofia di vita per ridurre i rifiuti al minimo. ☐

▶ 53 1c **Hören Sie den zweiten Teil des Vortrags von Carla Ubaldi: Worum geht es?**

Carla Ubaldi espone

☐ gli svantaggi dello *Zero Waste*.

☐ le cinque regole dello *Zero Waste*.

☐ consigli pratici su come attuare lo *Zero Waste*.

☐ le conseguenze dell'inquinamento da plastica.

▶ 53 **1d Hören Sie den zweiten Teil des Vortrags noch einmal und ordnen Sie den Bildern die fünf Regeln zu. Bringen Sie die Regeln anschließend in die richtige Reihenfolge.**

riciclare • compostare • ~~rifiutare~~ • riutilizzare • ridurre

rifiutare

▶ 53 **1e Zu welchen Regeln bzw. Bildern passen die folgenden Definitionen?**

- ☐ fare la raccolta differenziata
- ☐ ridurre i rifiuti organici in concime
- 1 accettare gadget o oggetti inutili
- ☐ trasformare l'uso di un oggetto
- ☐ sostituire oggetti monouso
- ☐ diminuire l'acquisto di ciò di cui non si ha bisogno

▶ 53 **1f Hören Sie den zweiten Teil des Vortrags noch einmal: Welche Aussagen sind richtig und welche falsch?**

	vero	falso
1. Lo *Zero Waste* non combatte il consumismo.		
2. Nello *Zero Waste* il riciclo è visto come la principale regola da seguire.		
3. È possibile seguire le regole dello *Zero Waste* solo a livello individuale.		
4. In Italia, diversi comuni sono già riusciti ad attuare una politica di "rifiuti zero".		

▶ 54 **1g Am Ende der Konferenz unterhalten Sie sich mit weiteren Anwesenden über Carla Ubaldis Vortrag. Übernehmen Sie die Rolle ▲ und beantworten Sie die Fragen Ihrer Gesprächspartner mithilfe der Angaben.**

Esempio: Ihre Meinung: *Zero Waste* ist ein ausgezeichneter Lebensstil, um den Plastikverbrauch zu reduzieren; auf diese Art und Weise würden wir alle dazu beitragen, den Plastikmüll zu bekämpfen.

■ È stata una presentazione lunga, ma molto interessante. Lei che ne pensa?

▲ Penso che lo *Zero Waste* sia un ottimo stile di vita per ridurre il consumo di plastica. In questo modo tutti contribuiremmo a combattere l'inquinamento da plastica.

1. Sie stimmen zu: Plastik ist ein Material, auf das wir nicht von heute auf morgen *(= dall'oggi al domani)* verzichten können; es ist nicht einfach, alle Zero-Waste-Regeln diszipliniert zu befolgen; Sie glauben, dass wir uns alle mehr anstrengen *(= impegnarsi)* müssen.
2. Sie stimmen zu: Wenn Sie auf eine Messe gehen, bringen Sie immer nutzlose Gegenstände mit nach Hause, die sie dann irgendwann wegwerfen.
3. Sie stimmen zu: Das ist eine Gewohnheit, die auch Sie seit Jahren haben; außerdem benutzen Sie keine Plastikteller für Picknicks oder Partys und Sie haben immer eine Trinkflasche aus Metall *(= borraccia di metallo)* dabei.
4. Sie erklären, dass es in Deutschland ein Flaschenpfand *(= molte bottiglie sono con vuoto a rendere*) gibt; auch auf diese Weise können wir Plastikmüll reduzieren.

G1 Bisogna cambiare il punto di vista

▶ 52 **1a Text / Lösung**

Dunque, l'invenzione della plastica ha sicuramente rivoluzionato il mondo e la nostra vita quotidiana, tanto che oggi il suo uso è considerato irrinunciabile. La plastica ha permesso grandi sviluppi in vari settori, nel campo della moda, del design, ma anche dell'industria automobilistica e della medicina. Ha consentito a un maggior numero di persone di avere accesso a beni di consumo riservati prima solo a privilegiati, ma ha anche contribuito a rendere il nostro stile di vita più pratico.

E tuttavia, questa grandissima invenzione è oggi uno dei problemi che più affliggono l'ambiente. L'inquinamento da plastica ha effetti irreversibili per l'intero pianeta, danneggia la salute degli animali e probabilmente anche quella degli uomini. Le principali cause dell'inquinamento da plastica sono legate ai rifiuti prodotti da piccole e grandi aziende. Ma anche i cittadini sono responsabili di questo inquinamento.

Si calcola che in media una persona produca ogni giorno circa due chili e mezzo di spazzatura, una quantità enorme, costituita per lo più da rifiuti in plastica. Partendo da questo presupposto, ognuno può fare qualcosa per l'ambiente. La soluzione è l'impegno comune ad apportare un cambiamento, a migliorare le abitudini e scegliere di ridurre soprattutto il consumo di plastica. Bisogna cambiare il punto di vista e pensare che l'azione di ogni singolo sia importante.

Una soluzione interessante, che da tempo è diventata quasi una filosofia di vita, è quella dello *Zero Waste*. L'idea è quella di vivere in modo ecosostenibile riducendo al minimo il proprio impatto sul pianeta e creando meno spazzatura possibile. Si cerca quindi di evitare di creare rifiuti che finiscano in discarica o nell'inceneritore. Vivere completamente senza produrre rifiuti forse è impossibile, però possiamo ridurre la quantità e soprattutto farlo in maniera più consapevole.

La filosofia dello *Zero Waste* si basa su alcune abitudini che tutti possiamo adottare: cinque regole semplici che possono essere riassunte come le quattro "R" del cambiamento, più una "C". Sono cinque passi importanti da seguire per ridurre o smaltire al meglio i rifiuti domestici, per vivere in modo responsabile.

Carla Ubaldi ☒ presenta una soluzione all'inquinamento da plastica.

▶ 52 **1b Lösung**

1. La plastica ha reso il nostro stile di vita più comodo. ☒
3. L'inquinamento da plastica è causato sia dai singoli cittadini che dalle imprese. ☒
6. Per risolvere il problema dell'inquinamento è necessario cambiare abitudini. ☒
7. Lo *Zero Waste* è una filosofia di vita per ridurre i rifiuti al minimo. ☒

▶ 53 **1c Text / Lösung**

Ma veniamo alla prima regola, alla prima "R". "R" come "rifiutare": rifiutare tutto ciò di cui non abbiamo bisogno. Possiamo farlo iniziando proprio dagli oggetti "usa e getta" come piattini e posate di plastica, che possono essere sostituiti con posate di metallo. Anche piccoli gesti possono fare la differenza: applicando un bell'adesivo che reca la scritta "No pubblicità" sulla cassetta della posta, possiamo contribuire a ridurre gli sprechi di carta, per esempio. Rifiutare significa anche non accettare questi oggetti inutili.

La seconda regola, la seconda "R", sta per "ridurre", ridurre tutto ciò di cui non abbiamo bisogno, cioè diminuire il consumo di prodotti. Ciò significa che lo *Zero Waste* lotta anche contro il consumismo. Perché? Beh, si compra di meno e lo si fa in modo cosciente. Spesso le strategie di marketing ci spingono a comprare oggetti, anche se in realtà non ci servono. È necessario comprare un nuovo zaino quando quello vecchio è ancora in buone condizioni? Abbiamo bisogno dell'ultimo modello di scarpe alla moda se ne abbiamo già dieci paia nell'armadio? Questo significa ridurre i consumi.

Ma veniamo a un'altra regola d'oro: qui la parola chiave è "riutilizzare". Ciò significa, per esempio, sostituire oggetti monouso con oggetti riutilizzabili. Quando andiamo a fare la spesa, possiamo prendere una borsa di stoffa. Al posto delle bottigliette d'acqua possiamo usare una borraccia di metallo da riempire più volte al giorno.

E se ci rendiamo conto che non possiamo più utilizzare un oggetto con la sua finalità iniziale, che possiamo fare? In tal caso allora si passa alla quarta "R" dello *Zero Waste*, cioè "riciclare". Da un lato "riciclare" significa trovare un altro uso per quell'oggetto, un processo noto anche come "riciclo creativo" o "upcycling". Per esempio, possiamo trasformare delle bottiglie di plastica in piccoli vasetti per i fiori. Ci sono moltissimi tutorial in rete su come trasformare e riciclare oggetti in maniera creativa. Dall'altro lato "riciclare" significa anche separare correttamente i rifiuti in plastica, vetro, lattine, eccetera, in modo tale che i materiali riciclabili possano essere lavorati per essere riutilizzati. Ormai il riciclo è parte della quotidianità e c'è un apposito bidone per ogni tipo di rifiuto. Il riciclo è fondamentale nel processo di *Zero Waste*, ma è visto come l'ultima possibilità.

Infine, l'ultima regola per ridurre i rifiuti è "compostare", o ridurre il resto in concime, in compost. Quando facciamo la raccolta differenziata, i rifiuti organici non vanno nell'indifferenziata, ovviamente, ma vengono raccolti separatamente. Chi ha un giardino, può far marcire i rifiuti organici in un cumulo di compost e usare l'humus ricavato come ottimo fertilizzante per fiori e piante.

"Rifiutare", "ridurre", "riutilizzare", "riciclare" e infine "compostare". Cinque passi semplici che ognuno nella propria quotidianità può applicare.

Bene, finora ho parlato della filosofia *Zero Waste* come scelta individuale, che è possibile condurre nelle proprie mura di casa. L'obiettivo è quello di arrivare ad avere il bidone della spazzatura sempre più piccolo. Ma è possibile seguire le regole dello *Zero Waste* anche a livello comunale o provinciale. Il Comune di Capannori, in provincia di Lucca, ha tracciato una serie di linee guida per ripensare la vita ciclica dei prodotti, arrivando a diminuire sensibilmente i rifiuti. È stato il primo comune italiano ad adottare una politica a rifiuti zero. Ad oggi ben 277 comuni italiani hanno seguito l'esempio di questo paese. Ma com'è stato possibile raggiungere questo obiettivo? Le regole dello *Zero Waste* possono essere pensate in maniera più ampia, estendendole a comuni, province o regioni. È possibile organizzare una raccolta differenziata porta a porta o creare un impianto di compostaggio da usare nelle zone agricole vicine. Oppure si possono realizzare centri per la riparazione di prodotti, come mobili, vestiti, elettrodomestici. È necessario, tuttavia, attuare una politica di sensibilizzazione che coinvolga non solo i cittadini, ma anche i comuni, le province e le regioni. Solo così riusciremo ad attuare un programma di *Zero Waste* a livello globale.

Carla Ubaldi espone ☒ le cinque regole dello *Zero Waste*.
☒ consigli pratici su come attuare lo *Zero Waste*.

▶ 53 **1d Lösung**

5 compostare; 1 rifiutare; 3 riutilizzare; 2 ridurre; 4 riciclare

▶ 53 **1e Lösung**

- [4] fare la raccolta differenziata
- [5] ridurre i rifiuti organici in concime
- [1] non accettare gadget o oggetti inutili
- [4] trasformare l'uso di un oggetto
- [3] sostituire oggetti monouso
- [2] diminuire l'acquisto di ciò di cui non si ha bisogno

▶ 53 1f Lösung

	vero	falso
1. Lo *Zero Waste* non combatte il consumismo. *Lo Zero Waste lotta contro il consumismo perché si compra meno e lo si fa in modo cosciente e responsabile.*	☐	☒
2. Nello *Zero Waste* il riciclo è visto come la principale regola da seguire. *Il riciclo è una parte fondamentale nel processo di Zero Waste, ma è visto come l'ultima possibilità.*	☐	☒
3. È possibile seguire le regole dello *Zero Waste* solo a livello individuale. *È possibile seguire le regole dello Zero Waste anche a livello comunale e provinciale.*	☐	☒
4. In Italia, diversi comuni sono già riusciti ad attuare una politica di "rifiuti zero".	☒	☐

▶ 54 1g Text / Lösung

1. ■ Sicuramente è un concetto utile per combattere l'inquinamento. Anche se non mi sembra facile.

   ▲ Sì, è vero. / Sono d'accordo. La plastica è un materiale a cui non possiamo rinunciare dall'oggi al domani. Non è facile seguire tutte le regole dello *Zero Waste* con disciplina. Credo che tutti noi dobbiamo impegnarci di più.

2. ● Ho pensato alle regole dello *Zero Waste* e a me sembra di fare troppo poco. Per esempio, la regola del "rifiutare" non la metto in pratica.

   ▲ Sì, neppure io. / Sì, neanch'io. Quando vado a una fiera, porto sempre a casa oggetti inutili che poi alla fine butto via.

3. ◆ Altre regole, invece, sono gesti quotidiani. Per esempio, vado sempre a fare la spesa con la mia borsa di tela.

   ▲ Anch'io, è un'abitudine che ho da anni. / Sì, è un'abitudine che ho da anni anch'io. Inoltre, non uso piatti di plastica per picnic o feste e ho sempre con me una borraccia di metallo.

4. ● Dovrei imparare anch'io a usare la borraccia di metallo, invece... compro sempre le bottigliette di plastica.

   ▲ In Germania molte bottiglie sono con vuoto a rendere. Anche in questo modo possiamo ridurre i rifiuti di plastica.

G2 Oggi si parla di turismo responsabile

▶ 55 **2a In der Radiosendung „Italia oggi" interviewt Luca Formigli die Gründerin des Vereins EcoViaggio, Martina Palombelli. Welche Formen des Tourismus werden im Interview erwähnt?**

- ☐ turismo di massa
- ☐ turismo culturale
- ☐ turismo enogastronomico
- ☐ ecoturismo
- ☐ turismo responsabile
- ☐ turismo sostenibile

▶ 55 **2b Hören Sie den ersten Teil des Interviews noch einmal und entscheiden Sie, welche Option jeweils passt.**

1. Il turismo ha assunto dimensioni di massa
   ☐ a inizio Novecento. ☐ a inizio Ottocento.
2. Per Martina Palombelli,
   ☐ è giusto ☐ non è giusto demonizzare il turismo di massa.
3. Il turismo responsabile si concentra sull'impatto
   ☐ sociale e culturale. ☐ ambientale.
4. Il turismo sostenibile si concentra sull'impatto
   ☐ sociale e culturale. ☐ ambientale.

▶ 55 **2c Hören Sie erneut und ergänzen Sie die Äußerungen zum Massentourismus.**

aspetti positivi: *valorizzare* ______________________

aspetti negativi: ______________________

▶ 56 **2d Im zweiten Teil des Interviews spricht Martina Palombelli über die Verhaltensweisen eines verantwortungsbewussten Touristen. Welche werden erwähnt?**

- ☐ chiedere prima di fotografare la gente del luogo
- ☐ informarsi sulla cultura e sul luogo prima di partire
- ☐ provare la cucina locale
- ☐ non sprecare le risorse energetiche
- ☐ scegliere mezzi di trasporto ecologici
- ☐ organizzare la valigia al meglio

▶ 56 **2e Hören Sie den zweiten Teil des Interviews erneut. Wie drücken Luca und Martina Notwendigkeit, Verbot und Erlaubnis aus?**

Notwendigkeit:	Verbot:	Erlaubnis:
bisogna, ______	______	______

▶ 57 **2f Sie unterhalten sich nun mit einer Bekannten über nachhaltigen Tourismus. Übernehmen Sie die Rolle ● und antworten Sie mithilfe der folgenden Angaben.**

■ Per diventare turisti responsabili bastano pochi piccoli gesti. Tu che ne pensi?

Sie sind einverstanden. Ihrer Meinung nach ist es notwendig, die Regeln des Ortes zu kennen und zu respektieren. Zum Beispiel ist es wichtig zu wissen, wie und wann man Trinkgeld gibt.

● *Sono d'accordo.* ______

■ Sì, è vero. In Italia la mancia non è obbligatoria, mentre in altri Paesi è la norma. Quindi bisogna cercare di avvicinarsi agli usi e costumi del Paese che si visita.

Sie stimmen zu und sagen, dass man außerdem die Regeln von archäologischen Stätten und von Naturschutzgebieten einhalten sollte.

● ______

■ Sono regole comprensibili, che mirano a mantenere l'ecosistema presente in quel luogo.

Sie stimmen zu und geben ein Beispiel: In Italien ist es in Berggebieten und Nationalparks verboten, Steine zu sammeln, und in einigen Ländern ist es in den Badeorten (= zone balneari) verboten, Korallen zu sammeln.

● ______

■ E naturalmente è importante non disturbare la tranquillità del luogo...

Sie stimmen zu und sagen, dass es in Naturschutzgebieten aus diesem Grund sogar verboten ist, Drohnen fliegen zu lassen (= far volare).

● ______

■ Ah, interessante! Non lo sapevo!

G2 Oggi si parla di turismo responsabile

▶ 55 **2a Text / Lösung**

▲ "Una volta l'anno, vai in un posto dove non sei mai stato prima". Vogliamo aprire così, con questa citazione del Dalai Lama, la puntata dedicata ai viaggi e al turismo. Si sa, l'uomo ha sempre sentito il desiderio di spostarsi, conoscere nuovi Paesi e ampliare i propri orizzonti. Tuttavia, fino a non molto tempo fa, il viaggio era un privilegio di pochi, un fenomeno d'élite che interessava intellettuali e ricchi. Oggi, fortunatamente, sempre più persone hanno la possibilità di viaggiare e visitare nuovi Paesi. Ma qual è l'impatto che tutto ciò ha sull'ambiente e sulla vita delle persone in questi Paesi? Ne parliamo con Martina Palombelli, guida turistica e fondatrice dell'associazione EcoViaggio. Buongiorno, Martina.

◆ Buongiorno a te, Luca.

▲ Dunque, a partire dagli inizi del Novecento, l'industrializzazione in corso e i cambiamenti tecnologici e sociali hanno portato a una trasformazione delle modalità di viaggio, per lo meno in Europa. Pian piano il turismo ha coinvolto tutta la popolazione e ha assunto le attuali caratteristiche del turismo di massa.

◆ Sì, il turismo di massa è la forma più diffusa di turismo: riguarda un numero incredibile di persone, che spesso sceglie le stesse mete turistiche con viaggi organizzati o pacchetti viaggio. È una forma di turismo che oggi viene criticata per vari motivi. Tuttavia, secondo me, il turismo di massa in sé non va demonizzato perché ha portato a valorizzare l'immagine di Paesi o di città prima sottovalutati. Certo, alcune conseguenze di questo fenomeno sono evidenti, ma io cercherei di non essere così pessimista. Un altro vantaggio poi è quello economico. Il turismo ha contribuito a creare nuovi posti di lavoro nelle regioni più visitate, attraverso l'apertura di hotel e ristoranti.

▲ Ecco, veniamo a qualche aspetto negativo del turismo di massa.

◆ Beh, sicuramente uno dei principali aspetti negativi è legato al cambiamento del paesaggio. Per offrire servizi ai turisti vengono costruiti alberghi, impianti sciistici o balneari che cambiano il paesaggio, lo deturpano... lo rovinano. I mutamenti del paesaggio possono portare anche a conseguenze ambientali maggiori, come la scomparsa di alcuni animali e di alcune specie vegetali.

▲ Per questo motivo è necessario che i turisti adottino un atteggiamento responsabile quando sono in viaggio. Oggi si parla di turismo responsabile o sostenibile, giusto?

◆ Sì, dunque, il turismo responsabile si concentra sull'impatto economico, sociale e culturale: prende in considerazione l'influenza del turismo sulla popolazione locale. Il turismo sostenibile si focalizza più sull'impatto ambientale. Si tratta, però, di sfumature di significato e infatti spesso le due parole sono usate come sinonimi. Per me, è necessario che un buon turista sia responsabile nei confronti dell'ambiente e della popolazione locale.

☒ turismo di massa ☒ turismo responsabile ☒ turismo sostenibile

▶ 55 **2b Lösung**

1. Il turismo ha assunto dimensioni di massa ☒ a inizio Novecento.
2. Per Martina Palombelli, ☒ non è giusto demonizzare il turismo di massa.
3. Il turismo responsabile si concentra sull'impatto ☒ sociale e culturale.
4. Il turismo sostenibile si concentra sull'impatto ☒ ambientale.

▶ 55 **2c Lösung**

aspetti positivi: *valorizzare l'immagine di Paesi o di città, creare nuovi posti di lavoro*

aspetti negativi: *cambiamento del paesaggio, scomparsa di animali e piante*

▶ 56 **2d Text / Lösung**

▲ Veniamo prima agli atteggiamenti da tenere per essere turisti responsabili da un punto di vista culturale. Che cosa consigli?

◆ Prima di partire bisogna informarsi sul luogo in cui si va: è necessario cercare più informazioni possibili sul Paese che si sta per visitare. E questo non significa solo leggere guide relative ai luoghi d'interesse, ma anche scoprire la cultura, la storia e le tradizioni.

▲ Quindi possiamo dire che si inizia a essere responsabili ancora prima del viaggio.

◆ Sì, bisogna organizzare la valigia al meglio, pensando esattamente a cosa portare per non viaggiare con oggetti o vestiti inutili. Inoltre, il turista responsabile riesce a confondersi con la gente del luogo e riesce ad adeguarsi alle condizioni geografiche e culturali. Una volta, durante un viaggio in Perù, una coppia della comitiva si è presentata alla visita a Machu Picchu con scarpe assolutamente inadatte... Spesso, inoltre, mi capitano turisti che vogliono entrare in luoghi di culto con vestiti da spiaggia.

▲ Posso immaginarmi le scene... Ma veniamo al momento del viaggio vero e proprio. Qual è l'atteggiamento da avere nei confronti della popolazione locale?

◆ Beh, sul posto bisogna vedere la vacanza come un'opportunità per uno scambio culturale. E ciò significa essere aperti agli usi e ai costumi locali, senza imporre le proprie abitudini o stili di vita. Una volta, con una comitiva italiana in Iran, abbiamo pernottato in una guest house tipica. Beh, alcuni turisti si sono lamentati perché non servivano la colazione internazionale e non trovavano il cornetto e il cappuccino.

▲ A essere sincero, conosco anch'io qualche persona che potrebbe fare la stessa domanda. Ma veniamo all'altro punto, quello del turismo sostenibile. È necessario che i turisti mantengano un atteggiamento rispettoso nei confronti dell'ambiente circostante. In che modo?

- ◆ Piccoli gesti possono veramente fare la differenza: chiudere il rubinetto mentre ci si lava i denti, spegnere l'aria condizionata o la luce se non serve. Energia e acqua sono risorse importanti per tutto il pianeta, ma ricordiamoci che ci sono Paesi in cui queste risorse sono veramente scarse.
- ▲ Chiudere il rubinetto o spegnere la luce sono, in realtà, gesti che tutti noi dovremmo mettere in pratica anche nel nostro Paese. Ma veniamo a un altro aspetto cruciale... Sempre più persone decidono di trascorrere le proprie vacanze lontano da tradizionali località turistiche, lontano dalla folla e dalla confusione. Scelgono, per esempio, sperdute località di montagna e si ritrovano nella natura incontaminata.
- ◆ Sì, soprattutto in questi casi bisogna rispettare il territorio circostante ed evitare di lasciare tracce nella natura.
- ▲ Quali sono gli atteggiamenti da seguire quando ci si trova in un parco naturale o in un'area protetta?
- ◆ Nell'ambiente naturale tutto ha una funzione e un ruolo. Quindi è necessario mantenere gli equilibri dell'ecosistema presente. In parchi naturali protetti è proibito raccogliere fiori o funghi proprio per questo motivo, per rispettare la natura presente. Diciamo che, in questo senso, vale il vecchio detto "Guardare, ma non toccare". È consentito fare birdwatching o osservare gli animali, ma è proibito disturbare in qualsiasi modo la vita degli animali selvatici con grida, urla, o avvicinandosi per dar loro da mangiare.
- ▲ Nell'ultimo periodo ci sono stati vari episodi di incendi boschivi causati dalla distrazione dell'uomo.
- ◆ Purtroppo sì. Basta anche un secondo di disattenzione per causare incendi e distruggere un'intera foresta. Ed è per questo ovvio motivo che è proibito accendere fuochi in parchi e riserve naturali. Fare picnic è consentito solo in alcune aree attrezzate e naturalmente bisogna far attenzione a non lasciare rifiuti e a gettarli negli appositi bidoni.
- ▲ Martina, grazie mille per il tuo intervento.

☒ non sprecare le risorse energetiche

☒ informarsi sulla cultura e sul luogo prima di partire

☒ organizzare la valigia al meglio

▶ 56 **2e Lösung**

Notwendigkeit:	Verbot:	Erlaubnis:
bisogna, è necessario (che)	*è proibito*	*è consentito*

▶ 57 **2f Text / Lösung**

■ Per diventare turisti responsabili bastano pochi piccoli gesti. Tu che ne pensi?

● Sono d'accordo. Secondo me, è necessario conoscere e rispettare le regole del posto. Per esempio, è importante sapere come e quando si dà la mancia.

■ Sì, è vero. In Italia la mancia non è obbligatoria, mentre in altri Paesi è la norma. Quindi bisogna cercare di avvicinarsi agli usi e costumi del Paese che si visita.

● Sì, inoltre bisogna / è necessario rispettare le regole di siti archeologici e di riserve naturali.

■ Sono regole comprensibili, che mirano a mantenere l'ecosistema presente in quel luogo.

● Sì, per esempio in Italia nelle aree di montagna e nei parchi naturali è proibito raccogliere pietre e in alcuni Paesi nelle zone balneari è proibito raccogliere coralli.

■ E naturalmente è importante non disturbare la tranquillità del luogo...

● È vero! / Esatto. / Sì. Nelle riserve naturali è addirittura proibito far volare i droni proprio per questo motivo.

■ Ah, interessante! Non lo sapevo!

G3 Se la situazione non migliorerà...

▶ 58 **3a Marcella und Tarik haben vor, am Wochenende nach Florenz zu fahren. Was ist Marcellas Befürchtung?**

Marcella teme che

☐ ci sia traffico sulle strade.

☐ possa esserci brutto tempo.

☐ non ci siano stanze libere in albergo.

▶ 58 **3b Hören Sie das Gespräch noch einmal: Wie ist Marcellas und Tariks Einstellung zum Thema Klimawandel?**

Nei confronti del cambiamento climatico...

Tarik ha un atteggiamento ☐ ottimista. ☐ pessimista.

Marcella ha un atteggiamento ☐ ottimista. ☐ pessimista.

▶ 58 **3c Hören Sie das Gespräch noch einmal und kreuzen Sie an.**

	vero	falso
1. Secondo Tarik, i governi stanno prendendo la situazione seriamente.	☐	☐
2. Marcella ha fiducia nelle misure prese nella Conferenza di Parigi.	☐	☐
3. Per Tarik, tutti i cittadini devono avere un atteggiamento più responsabile.	☐	☐
4. Tarik ha iniziato a fare opera di volontariato presso un'associazione.	☐	☐

▶ 59 **3d Bedingungen: Verbinden Sie die linke mit der rechten Spalte zu sinnvollen Sätzen und hören Sie anschließend zur Kontrolle.**

1. Se pioverà,
2. Se la situazione non migliorerà,
3. Se non si farà qualcosa contro le emissioni di gas,
4. Se i Paesi non prenderanno delle misure,
5. Se il clima globale si surriscalderà di 2 gradi,
6. La situazione migliorerà,

a. il riscaldamento globale supererà la soglia di 1,5 gradi.
b. se tutti noi diventeremo cittadini più responsabili.
c. fra qualche anno a maggio saremo in pieno inverno.
d. i ghiacciai si scioglieranno.
e. passeremo tre giorni agli Uffizi.
f. si raggiungeranno livelli altissimi di CO_2 nel 2030.

▶ 60 **3e Sie werden nun aufgefordert, einige Befürchtungen zum Thema Klimawandel zu formulieren. Beantworten Sie die Fragen Ihres Gesprächspartners mithilfe der Angaben, wie im Beispiel.**

Esempio i ghiacciai – sciogliersi
→ il livello dei mari – innalzarsi

▲ Che cosa succederà se i ghiacciai si scioglieranno?

◆ Se i ghiacciai si scioglieranno, il livello dei mari si innalzerà.

1. le temperature – aumentare
   → alcune specie in via d'estinzione – morire

2. le temperature – aumentare
   → i Paesi mediterranei – subire lunghi periodi di siccità
3. i periodi di siccità – durare a lungo
   → i raccolti – essere scarsi e esserci carestie

G3 Se la situazione non migliorerà...

▶ 58 **3a Text / Lösung**

■ Allora, Marcella, per il fine settimana è tutto pronto. Passo a prenderti in ufficio giovedì sera e poi andiamo in stazione a prendere il treno.

● Speriamo solo che faccia bel tempo. Sarebbe veramente un peccato passare tre giorni chiusi in albergo.

■ Perché? Temi che piova? Non dovrebbe, dai. Ormai siamo in primavera e poi nelle ultime settimane c'è sempre stato il sole.

● Beh, sì, ho paura che possa piovere. Non hai visto le previsioni per il prossimo fine settimana?

■ No, non ancora... Non mi dire che...

● Sembra che sia in arrivo una tormenta di neve per tutto il Nord Italia. Stando al servizio meteorologico, le temperature scenderanno di almeno 10 gradi.

■ Ma com'è possibile? Siamo ormai a fine maggio e dovrebbe far caldo finalmente. Se il tempo continua a essere così, l'estate arriverà a settembre. E ora?

● Fortunatamente a Firenze non dovrebbe nevicare. Se però pioverà, vorrà dire che passeremo tre giorni agli Uffizi... Non è sempre stato il tuo sogno?

■ Spiritosa! Vabbè, dai, se farà brutto tempo, sicuramente troveremo qualcosa da fare. Comunque, una volta a fine maggio si usciva con un maglioncino di cotone leggero. Negli ultimi anni, invece, il tempo è diventato sempre più imprevedibile ed estremo! Tutta colpa del riscaldamento globale. Se la situazione non migliorerà, fra qualche anno a maggio saremo in pieno inverno...

● Dai, su, ora non esagerare...

■ Sono solo realista. Temo che i governi di tutto il mondo stiano sottovalutando la situazione. Gli esperti parlano chiaro: se non si farà qualcosa contro le emissioni di gas, si raggiungeranno livelli altissimi di CO_2 nel 2030. E questo innescherà una reazione a catena. Grandi aree fertili diventeranno aride, aumenteranno fenomeni meteorologici straordinari come uragani e alluvioni e molte specie animali e vegetali si estingueranno.

● Sì, hai ragione. Il cambiamento climatico è un problema che riguarda tutti da vicino. E sono d'accordo con te a riguardo. Non ho, però, una visione apocalittica del futuro.

■ No, guarda, la situazione è veramente critica. Se i Paesi della Terra non prenderanno delle misure per limitare i gas, il riscaldamento globale forse supererà la soglia di 1,5 gradi.

- Sì, ma nella Conferenza di Parigi i Grandi della Terra hanno già pensato ad un piano d'azione, puntando sulle energie rinnovabili. Tutto ciò dovrebbe portarci ad avere una vita più verde in futuro e soprattutto le misure dovrebbero contenere l'aumento della temperatura globale entro la soglia di 1,5 gradi. Spero proprio che sappiano quello che stanno facendo. Anzi, per una volta voglio essere fiduciosa. Vedrai, riusciremo a vincere questa lotta.
- ■ Temo proprio che ti sbagli. I telegiornali non ne parlano più e i politici sono impegnati a risolvere la crisi attuale. Ho letto recentemente in un articolo che le misure prese nella Conferenza di Parigi non sono sufficienti. Se il clima globale si surriscalderà di 2 gradi nei prossimi anni, i ghiacciai si scioglieranno e il livello dei mari si innalzerà. Le estati saranno ancora più calde in molti Paesi europei. E ciò avrà conseguenze sulla nostra vita...
- Sì, ma, secondo te, come si potrebbe affrontare questa situazione?
- ■ Secondo me, è necessaria una maggiore consapevolezza del problema. La situazione migliorerà solo se tutti noi diventeremo cittadini più responsabili.
- A me sembra di far già abbastanza: faccio la raccolta differenziata, vado al lavoro in bici ed evito di andare in vacanza in aereo.
- ■ È sicuramente di grande aiuto, ma temo che non tutti si comportino responsabilmente come te. Sai, è da tempo che ci penso e vorrei impegnarmi per l'ambiente facendo volontariato.
- Mi sembra un'ottima idea! Sai già a chi vuoi rivolgerti?
- ■ Ho pensato di contattare l'associazione "Futuriamo": si occupano di fare attività di sensibilizzazione ed educazione. Organizzano manifestazioni, tavole rotonde, presentazioni...
- E bravo il nostro Tarik. Chissà, forse fra qualche anno con questa passione sarai tu a ottenere il Nobel per la pace... Spero solo che tutto questo entusiasmo si trasformi in azioni concrete. Non volevi iniziare a fare volontariato per la Croce Rossa fino a qualche mese fa?

Marcella teme che ☒ possa esserci brutto tempo.

▶ 58 3b Lösung

Nei confronti del cambiamento climatico... Tarik ha un atteggiamento ☒ pessimista.
Marcella ha un atteggiamento ☒ ottimista.

▶ 58 **3c Lösung**

		vero	falso
1.	Secondo Tarik, i governi stanno prendendo la situazione seriamente. *Secondo Tarik, i governi stanno sottovalutando la situazione.*	☐	☒
2.	Marcella ha fiducia nelle misure prese nella Conferenza di Parigi.	☒	☐
3.	Per Tarik, tutti i cittadini devono avere un atteggiamento più responsabile.	☒	☐
4.	Tarik ha iniziato a fare opera di volontariato presso un'associazione. *Tarik ha intenzione di fare opera di volontariato.*	☐	☒

▶ 59 **3d Lösung**

1. Se pioverà, — e. passeremo tre giorni agli Uffizi.
2. Se la situazione non migliorerà, — c. fra qualche anno a maggio saremo in pieno inverno.
3. Se non si farà qualcosa contro le emissioni di gas, — f. si raggiungeranno livelli altissimi di CO_2 nel 2030.
4. Se i Paesi non prenderanno delle misure, — a. il riscaldamento globale supererà la soglia di 1,5 gradi.
5. Se il clima globale si surriscalderà di 2 gradi, — d. i ghiacciai si scioglieranno.
6. La situazione migliorerà, — b. se tutti noi diventeremo cittadini più responsabili.

▶ 60 **3e Text / Lösung**

1. ▲ Che cosa succederà se le temperature aumenteranno?
   ◆ Se le temperature aumenteranno, alcune specie in via d'estinzione moriranno.
2. ▲ Che cosa succederà se le temperature aumenteranno?
   ◆ Se le temperature aumenteranno, i Paesi mediterranei subiranno lunghi periodi di siccità.
3. ▲ Che cosa succederà se i periodi di siccità dureranno a lungo?
   ◆ Se i periodi di siccità dureranno a lungo, i raccolti saranno scarsi e ci saranno carestie.

H Si va in onda!

H1 Lo ha affermato il ministro

▶ 61 **1a Hören Sie die Nachrichten: Welche Bilder und Rubriken passen dazu?**

☐ spettacolo

☐ cronaca nera

☐ economia

☐ politica

☐ sport

☐ traffico

▶ 61 **1b Hören Sie die Nachrichten noch einmal und wählen Sie die jeweils passende Alternative.**

1. Il ministro della Salute ha annunciato
   ☐ di volersi dimettere. ☐ di volersi candidare di nuovo.
2. Il tasso di disoccupazione
   ☐ è aumentato. ☐ è diminuito.
3. Durante la rapina in banca un giovane
   ☐ è stato ferito. ☐ è stato ucciso.
4. Martino Scoiatti lascerà l'incarico
   ☐ prima dei Mondiali di calcio. ☐ dopo i Mondiali di calcio.

▶ 62 **1c Hören Sie das Gespräch zwischen Bianca und Giuseppe: Über welche Nachrichten aus der Radiosendung sprechen die beiden?**

☐ calo della disoccupazione ☐ dimissioni del ministro della Salute

☐ rapina a mano armata in banca ☐ dimissioni dell'allenatore della Nazionale

▶ 62 **1d Hören Sie das Gespräch noch einmal und entscheiden Sie: richtig oder falsch?**

	vero	falso
1. Secondo Bianca, il ministro ha sbagliato a consegnare le dimissioni.	☐	☐
2. Giuseppe è preoccupato perché Luca non è mai in ritardo.	☐	☐
3. Luca ha promesso di arrivare puntuale a cena.	☐	☐
4. Luca ha scritto a Giuseppe che deve ancora comprare il dessert.	☐	☐

▶ 63 **1e Was haben die folgenden Personen Ihnen am Telefon gesagt? Folgen Sie dem Beispiel (Rolle ■) und sagen Sie, mit wem Sie soeben gesprochen haben und was Sie erfahren haben.**

Esempio ■ Ho appena sentito Antonella.

● E che dice? Come sta?

■ Ha detto che **è** molto stanca perché ieri sera **ha lavorato** fino a tardi.

0. **Antonella – dire:** "Sono molto stanca perché ieri sera ho lavorato fino a tardi."

1. **Franco – dire:** "Dopo il lavoro andrò in centro e incontrerò il mio amico Sandro."

2. **Daniele e Carla – raccontare:** "Siamo stati a Pinzolo e ci siamo divertiti tantissimo."

3. **Susanna – rispondere:** "Voglio rimanere a casa perché ho avuto una giornata pesante."

H1 Lo ha affermato il ministro

▶ 61 1a Text / Lösung

Buonasera, buonasera a tutti voi da TG+ e da Mariella Palombari. In apertura una notizia appena giunta in redazione. Il ministro della Salute Alessio Frontini si è dimesso dopo un acceso dibattito in Parlamento. Il ministro ha annunciato le proprie dimissioni affermando che i finanziamenti stanziati per la salute non rappresentano l'importanza di questo settore. A suo parere, i fondi stanziati per l'ambito medico avrebbero dovuto essere maggiori.

Tasso di disoccupazione in leggero calo rispetto allo scorso anno. Lo ha rivelato il ministro dell'Economia Giuliano Spini. Il ministro ha confermato che il tasso dei senza lavoro è calato al 7,5%, circa 0,5% in meno rispetto al mese precedente. L'occupazione cresce grazie alla ripresa economica del nostro Paese, che ha portato le aziende a offrire più contratti a tempo indeterminato. In particolare, Giuliano Spini ha affermato che la disoccupazione è scesa soprattutto tra i giovani.

Rapina a mano armata in una banca del centro di Roma. Il colpo si è verificato nel tardo pomeriggio verso le 16. I due uomini, a volto coperto e armati di pistola, sono entrati in banca e hanno preso in ostaggio due clienti, aspettando che si aprisse il caveau. Quando è scattato l'allarme, i due uomini, presi dal panico, hanno reagito sparando. Nella sparatoria è stato ferito un giovane di 32 anni, che è stato ricoverato d'urgenza in un ospedale della capitale. La polizia sta dando la caccia ai due uomini, che sembrano aver fatto perdere le loro tracce.

Martino Scoiatti non sarà più il commissario tecnico della Nazionale a partire da fine agosto. Lo ha annunciato lo stesso Martino Scoiatti dicendo che, al termine dei Campionati mondiali di calcio, lascerà l'incarico. Non è ancora chiaro chi subentrerà alla guida degli Azzurri. Tra i nomi papabili ci sono Gino Bertolli e Biagio Sentinelli.

B ☒ cronaca nera *C* ☒ economia *D* ☒ politica *E* ☒ sport

▶ 61 1b Lösung

1. Il ministro della Salute ha annunciato ☒ di volersi dimettere.
2. Il tasso di disoccupazione ☒ è diminuito.
3. Durante la rapina in banca un giovane ☒ è stato ferito.
4. Martino Scoiatti lascerà l'incarico ☒ dopo i Mondiali di calcio.

▶ 62 **1c Text / Lösung**

▲ E ancora una volta i nostri politici non riescono a capire che è necessario dare stabilità al nostro governo. Ma doveva dimettersi proprio in questo momento così difficile del nostro Paese?

◆ Tutti i giorni è sempre la stessa storia. Un ministro se ne va, un altro viene nominato. Formano il governo e dopo qualche mese è già in crisi. Secondo me, il ministro Frontini ha preso la decisione giusta. Il suo mi sembra un segno di protesta nei confronti di un governo che non investe abbastanza in ambito sanitario...

▲ Beh, in un certo senso lo capisco. Se si vogliono migliorare le infrastrutture o i servizi ospedalieri, è necessario avere i mezzi finanziari per poterlo fare. Se non altro, almeno una notizia positiva al telegiornale l'hanno detta. La ripresa economica ha portato a una diminuzione della disoccupazione. Si tratta di un leggero miglioramento, ma sicuramente è un segnale positivo.

◆ Sì, Giuseppe, è vero. Speriamo che la crescita dell'occupazione sia stabile anche nei prossimi mesi... Senti, ma sono già le nove e un quarto. Come mai Luca non arriva?

▲ Bah, sarà come sempre in ritardo.

◆ A quest'ora dovrebbe essere già qui. È vero che si fa sempre aspettare, ma non è da lui essere così in ritardo per cena.

▲ A che ora gli hai detto di venire?

◆ Mah, come sempre. Gli ho detto di arrivare verso le otto e mezza. Gli ho raccomandato di essere puntuale e mi ha promesso che questa volta sarebbe arrivato in orario. Però un ritardo di 45 minuti non l'ha mai avuto. Speriamo che non gli sia successo nulla.

▲ Ma no, dai! Perché pensi subito male?

◆ Non hai sentito le notizie? C'è stata una rapina a mano armata in centro, proprio vicino a dove vive e lavora Luca.

▲ Ma no, Bianca, non ti preoccupare. Sicuramente avrà incontrato qualcuno e si sarà fermato a parlare. O magari avrà semplicemente trovato traffico.

...

▲ Ecco, Luca mi ha appena mandato un messaggio.

◆ E che dice?

▲ Dice che ha avuto molto da fare in ufficio e che adesso sta andando in pasticceria a prendere il dolce.

◆ Meno male. Allora, fra poco si mangia...

☒ calo della disoccupazione ☒ dimissioni del ministro della Salute

☒ rapina a mano armata in banca

▶ 62 **1d Lösung**

	vero	falso
1. Secondo Bianca, il ministro ha sbagliato a consegnare le dimissioni.	☐	☒
Secondo Bianca, il ministro ha preso la decisione giusta.		
2. Giuseppe è preoccupato perché Luca non è mai in ritardo.	☐	☒
Giuseppe pensa che Luca potrebbe essere in ritardo come sempre.		
3. Luca ha promesso di arrivare puntuale a cena.	☒	☐
4. Luca ha scritto a Giuseppe che deve ancora comprare il dessert.	☒	☐

▶ 63 **1e Text / Lösung**

1. ■ Ho appena sentito Franco.
   ● Allora, che ti ha detto? Che farà dopo il lavoro?
   ■ Ha detto che dopo il lavoro andrà in centro e incontrerà il suo amico Sandro.
2. ■ Ho appena sentito Daniele e Carla.
   ● Ah, sono già tornati dalle vacanze? E che raccontano?
   ■ (Mi) hanno raccontato che sono stati a Pinzolo e che si sono divertiti tantissimo.
3. ■ Ho appena sentito Susanna.
   ● Allora, ci vediamo stasera o no? Che ti ha risposto?
   ■ Ha risposto che vuole rimanere a casa perché ha avuto una giornata pesante.

H2 Non danno mai nulla di bello

▶ 64 **2a Tommaso, Matteo und Linda unterhalten sich bei einem Aperitif. Welches Bild beschreibt Tommasos und Matteos weiteren Verlauf des Sonntagabends am besten?**

☐

☐

☐

▶ 64 **2b Hören Sie das Gespräch noch einmal und geben Sie die jeweils richtige Alternative an.**

1. Matteo vuole vedere ☐ un reality show. ☐ un talent show.
2. Matteo si diverte a guardare il programma soprattutto
   ☐ per le discussioni tra candidati e giuria. ☐ per il talento musicale dei candidati.
3. Tommaso vuole vedere l'intervista
   ☐ a una conduttrice americana. ☐ a un'attrice americana.
4. Tommaso vuole vedere il talk show in diretta
   ☐ per non perdersi l'intervista esclusiva.
   ☐ per commentare l'intervista sui social media.

▶ 65 **2c Hören Sie die Fortsetzung des Gesprächs: Welche Medien nutzen Linda, Matteo und Tommaso?**

TV:	Radio:	TV via Internet:
______	*Linda,* ______	______

▶ 65 **2d Hören Sie die Fortsetzung noch einmal: Was ist richtig, was ist falsch?**

	vero	falso
1. Linda trova sempre qualcosa di bello da guardare in TV.	☐	☐
2. Tommaso usa la Smart TV soprattutto per guardare programmi televisivi.	☐	☐
3. La sera Linda preferisce informarsi guardando il telegiornale.	☐	☐
4. Matteo non sopporta le interruzioni dei DJ alla radio.	☐	☐
5. La Smart TV ha permesso a Tommaso di scoprire cantanti di altri Paesi.	☐	☐

▶ 66 **2e Sie unterhalten sich nun mit einem Bekannten über Ihre Pläne für den Abend. Übernehmen Sie die Rolle ● und beantworten Sie die Fragen mithilfe der Angaben.**

■ Allora, che programmi hai per la serata?

Sie antworten, dass Sie es noch nicht wissen. Wahrscheinlich werden Sie sich auf der Couch entspannen. Vielleicht werden Sie einen Film oder eine Serie ansehen. Sie fragen kurz nach, was Ihr Gesprächspartner vorhat.

● *Ancora non lo so.* ______________________

____

____

____

■ Mah, sì, anch'io mi guarderò qualcosa in TV, forse un documentario. Non ho ancora visto cosa danno. Ma guardi la TV tradizionale?

Sie verneinen und sagen, dass Sie es nur selten sehen, weil Sie das Programmangebot (= il palinsesto) nicht sehr interessant finden.

● ______________________

____

____

■ Ah, quindi anche tu guardi la TV online?

Sie bejahen und sagen, dass Sie seit einigen Monaten ein Abo bei einem Streaming-Dienst haben. Das Schöne daran ist, dass Sie entscheiden, wann und was Sie ansehen.

● ______________________

____

____

____

■ Sì, sono d'accordo. Anch'io ho un abbonamento simile e lo trovo pratico. Stavo pensando di comprare anche una Smart TV, ma non so se valga la pena. Tu ce l'hai?

Sie bejahen, dass Sie einen Smart-TV haben. Sie können so auf viele Online-Inhalte zugreifen (= accedere).

● ______________________

____

■ Ma è possibile ascoltare anche la radio?

Sie bejahen und sagen, dass Sie Radiosendungen aus der ganzen Welt hören können. Online-Mediatheken sind für TV- und Radio-Sendungen sehr praktisch.

● ______________________

____

____

■ Ah, ecco perché non usi più la TV tradizionale!

H2 Non danno mai nulla di bello

▶ 64 **2a Text / Lösung**

■ Ragazzi, io finisco di bere e poi m'incammino verso casa.

● Ma come? Sono solo le otto e mezza!

▲ Ah, Matteo, quando vai, vengo anch'io con te.

● Non prendete ancora un aperitivo? Ah, begli amici che ho! Ma che avete da fare questa sera?

■ Beh, lo sai che ho i miei rituali. La domenica sera è dedicata al relax: per iniziare bene la settimana devo trascorrere una serata tranquilla. Mi metto sul divano con la mia compagna e ci guardiamo il nostro talent show preferito.

● Ma lo danno ancora? Ma non lo avevano tolto dal palinsesto?

■ Macché! Scherzi! Ormai siamo alla sedicesima edizione del programma.

● Come fai a non annoiarti dopo tutti questi anni? Le dinamiche di quel programma sono sempre le stesse...

■ Eh, ma è proprio quello il bello. Da un lato c'è un gruppo di candidati che vogliono diventare famosi a tutti i costi e sono pronti a tutto per arrivare al successo. E dall'altro c'è una giuria severa che critica questi artisti in maniera spietata. Alla fine guardo il programma non tanto per la voce dei cantanti o per le loro canzoni, ma proprio per le liti che nascono tra loro e i membri della giuria.

● Bah, sarà... E tu, invece, Tommaso, cos'hai da fare di così tanto importante?

▲ Beh, voglio arrivare a casa per le dieci perché così riesco a guardare l'intervista esclusiva all'attrice Lady B. Parla per la prima volta dopo la separazione da suo marito. È ospite di un talk show famosissimo negli Stati Uniti e verrà intervistata dalla conduttrice più amata d'America.

● Scusa, ma... non puoi aspettare domani? Sicuramente la faranno vedere anche in televisione o la caricheranno su qualche piattaforma online.

▲ Eh, no. Me la guardo in streaming in diretta. Così posso commentare il programma con gli altri fan sui social media.

● Beh, mi sembra di capire che siete entrambi tele-dipendenti! Uno guarda un talent show, l'altro un'intervista esclusiva negli Stati Uniti... Bah, io finirò la serata con un buon libro o ascoltando della musica...

Zum Gespräch passt Foto C.

▶ 64 **2b Lösung**

1. Matteo vuole vedere ☒ un talent show.
2. Matteo si diverte a guardare il programma soprattutto ☒ per le discussioni tra candidati e giuria.
3. Tommaso vuole vedere l'intervista ☒ a un'attrice americana.
4. Tommaso vuole vedere il talk show in diretta ☒ per commentare l'intervista sui social media.

▶ 65 **2c Text / Lösung**

● [...] Bah, io finirò la serata con un buon libro o ascoltando della musica...

■ Beh, puoi guardarti un film o una serie televisiva...

● Un bel film, magari un classico, non sarebbe una cattiva idea. Avrei proprio voglia di uno di quei grandi classici della storia del cinema. È che in TV non danno mai nulla di bello. Da una parte talk show in cui discutono ad alta voce e finiscono per litigare, dall'altra reality show o programmi trash. Alla fine, ci sono sere in cui non so proprio cosa guardare!

■ Ma perché non fai l'abbonamento a un servizio di streaming come faccio io? L'offerta è davvero grande e puoi scegliere tra una vasta gamma di programmi televisivi, film e serie TV.

▲ Sì, sono d'accordo. Anch'io ho un abbonamento a due piattaforme di streaming. E trovo sempre qualcosa che mi piace. L'aspetto positivo è che puoi decidere tu come, quando e cosa vedere.

● Due piattaforme? Ma scusa, quanto paghi al mese?

▲ Non molto... Circa venti euro al mese.

● Non so se ne valga la pena. Io alla fine pago già il canone RAI e la TV la guardo solo la sera. E dovrei spendere altri soldi per servizi di streaming?

■ Beh, in questo modo avresti più film a disposizione. Sono sicuro che troveresti qualcosa che fa per te.

● Già mi ci vedo a fare zapping tra una piattaforma e l'altra. Sicuramente, indecisa come sono, passerei tutta la serata a guardare l'anteprima di ogni film prima di decidermi...

▲ Io da quando uso servizi streaming, la TV tradizionale non la guardo più. La Smart TV ha cambiato il mio modo di guardare la TV.

● Ah, quindi oltre all'abbonamento alle piattaforme streaming hai anche una TV intelligente. Siete entrambi così tecnologici! E io, invece, guardo ancora la TV tradizionale. Forse dovrei aggiornarmi un po'!

■ Beh, anch'io ho una Smart TV ed è molto pratica. Colleghi la TV alla connessione Internet e hai accesso a tantissimi servizi. Anch'io uso solo quella. La TV tradizionale è ormai preistoria per me...

▲ Sì, la Smart TV ha trasformato il mio salotto in un centro multimediale. Non ci guardo solo programmi televisivi. La uso un po' per tutto: navigo in Internet, gioco con videogiochi online, comunico anche con amici attraverso social media. E naturalmente ascolto anche la musica o la radio.

● Ah, questa mi sembra una funzione molto interessante. Io sono più una tipa da radio. La mattina, quando faccio colazione, mi piace informarmi ascoltando la rassegna stampa dei principali quotidiani italiani ed internazionali. E poi la sera, spesso mi capita anche di ascoltare i notiziari alla radio.

■ Ah, quindi il telegiornale non lo guardi?

● Non sempre. Sai, trovo che il radiogiornale permetta di concentrarsi di più sulle informazioni e sulle notizie. Il telegiornale è così ricco di input visivi: i video e le immagini spesso distraggono la mia attenzione, che è più rivolta a vedere le immagini che a seguire la voce del giornalista o del reporter.

■ Bah, io la radio non la ascolto proprio. Trovo fastidiosa la conduzione dei DJ. Se voglio ascoltare musica, non voglio che venga interrotta dalla voce dei DJ. È per questo che preferisco ascoltare musica con servizi di streaming a pagamento.

▲ Io, invece, la ascolto volentieri. Con la Smart TV puoi scaricare varie app che ti permettono di ascoltare trasmissioni radiofoniche sia italiane che provenienti da altri Paesi.

● Ah, ecco, vedi? Questo è un aspetto interessante. Mi piace tenermi aggiornata sui nuovi generi musicali provenienti anche da altri Paesi. Potrebbe essere un'idea.

▲ Sì, e ci sono stazioni radiofoniche a tema: per esempio c'è un canale che trasmette solo musica jazz 24 ore su 24. La cosa bella è che la pubblicità è spesso ridotta a pochi minuti ogni ora, quindi puoi goderti la musica quasi senza interruzioni. A volte, quando faccio le faccende domestiche, mi metto ad ascoltare stazioni radiofoniche sudamericane o asiatiche. Ed è così che ho scoperto nuovi gruppi musicali e artisti diversi dai soliti che passano le radio italiane.

● Beh, sapete una cosa? Adesso vado a casa e mentre uno guarda l'intervista all'attrice famosa e l'altro il talent show trash, io m'informo e vedo di acquistare una Smart TV.

TV:	**Radio:**	**TV via Internet:**
Linda	*Linda, Tommaso*	*Matteo, Tommaso*

▶ 65 **2d Lösung**

		vero	falso
1.	Linda trova sempre qualcosa di bello da guardare in TV.	☐	☒
	Linda spesso non sa cosa guardare perché non danno nulla di bello in TV.		
2.	Tommaso usa la Smart TV soprattutto per guardare programmi televisivi.	☐	☒
	Tommaso usa la Smart TV un po' per tutto: per navigare in Internet, giocare ai videogiochi, comunicare con amici e per ascoltare la musica o la radio.		
3.	La sera Linda preferisce informarsi guardando il telegiornale.	☐	☒
	Linda preferisce informarsi ascoltando il radiogiornale perché così riesce a concentrarsi sulle notizie senza essere distratta dalle immagini e dai video.		
4.	Matteo non sopporta le interruzioni dei DJ alla radio.	☒	☐
5.	La Smart TV ha permesso a Tommaso di scoprire cantanti di altri Paesi.	☒	☐

▶ 66 **2e Text / Lösung**

■ Allora, che programmi hai per la serata?

● Ancora non lo so. Probabilmente mi rilasserò sul divano. Forse guarderò un film o una serie TV. E tu, (cosa farai)?

■ Mah, sì, anch'io mi guarderò qualcosa in TV, forse un documentario. Non ho ancora visto cosa danno. Ma guardi la TV tradizionale?

● No, la guardo raramente perché non trovo il palinsesto molto interessante.

■ Ah, quindi anche tu guardi la TV online?

● Sì, ho l'abbonamento a un servizio streaming da qualche mese. La cosa bella è che decido io quando e cosa vedere.

■ Sì, sono d'accordo. Anch'io ho un abbonamento simile e lo trovo pratico. Stavo pensando di comprare anche una Smart TV, ma non so se valga la pena. Tu ce l'hai?

● Sì, ho una Smart TV. Così posso accedere a molti contenuti online.

■ Ma è possibile ascoltare anche la radio?

● Sì, posso ascoltare trasmissioni radiofoniche da tutto il mondo. Le mediateche online sono molto pratiche per i programmi TV e radiofonici.

■ Ah, ecco perché non usi più la TV tradizionale!

H3 Se avessi più tempo...

▶ 67 **3a Der Radiomoderator Fabio Girelli interviewt Sara Testi, eine italienische Fernsehberühmtheit. Welche Aspekte ihres Lebens werden im ersten Teil des Interviews behandelt?**

☐ la vita sentimentale ☐ gli esordi della carriera

☐ i sogni per il futuro ☐ le sue paure esistenziali

☐ i successi e gli insuccessi professionali

▶ 67 **3b Hören Sie den ersten Teil des Interviews noch einmal. Welche Aussagen über Sara Testi sind richtig und welche falsch?**

	vero	falso
1. Sara Testi ha iniziato la sua carriera con un piccolo ruolo in un film.	☐	☐
2. Nel corso degli anni ha recitato in film e spettacoli teatrali.	☐	☐
3. Ha lavorato come assistente di un produttore televisivo per un anno.	☐	☐
4. Ha debuttato in TV quando ha dovuto sostituire un conduttore malato.	☐	☐
5. La trasmissione "Voci" le ha permesso di crescere come professionista e come persona.	☐	☐
6. Tutte le sue trasmissioni hanno riscosso sempre grande successo.	☐	☐

▶ 68 **3c Hören Sie die Fortsetzung des Interviews mit Sara Testi und vervollständigen Sie die Tabelle mit den fehlenden Informationen.**

	Che cosa farebbe?	**Perché?**
Se potesse tornare indietro...	*... non parteciperebbe*	*Perché*
Se potesse scegliere con chi lavorare...		
Se avesse più tempo...		

▶ 69 **3d Was wäre, wenn...? Antworten Sie auf die Fragen wie im Beispiel und mithilfe der Angaben.**

Esempio ◆ Se Amedeo avesse i soldi per viaggiare, dove andrebbe?

▲ Se Amedeo **avesse i soldi per viaggiare**, **visiterebbe** l'Australia.

0. **Amedeo:** avere i soldi per viaggiare / visitare l'Australia

1. **Giulia:** avere più tempo / iscriversi a un corso di cucina

2. **Armando:** poter tornare indietro nel tempo / passare più tempo con la sua famiglia

3. **Martina:** non essere così impegnata con il lavoro / dedicare più tempo alla sua passione, la pittura

4. **Carlo:** vincere alla lotteria / dare una parte dei soldi in beneficenza

5. ***Sie***: avere più tempo / fare un corso di programmazione

H3 Se avessi più tempo...

▶ 67 **3a Text / Lösung**

■ Benvenuti a una nuova puntata di "A tu per tu". Oggi, qui con noi in studio, ho l'onore di avere come ospite la protagonista indiscussa della televisione italiana. Ha partecipato a oltre venti programmi televisivi, è stata testimonial di importanti manifestazioni culturali ed artistiche, è autrice di programmi per la TV... Immagino che abbiate capito di chi sto parlando. È con noi Sara Testi.

● Fabio, grazie di avermi invitato. Devo dire che non è la mia prima volta in radio, ma è la mia prima volta qui nello studio di Radio Fantasy.

■ Grazie a te di aver accettato l'invito. Per me personalmente è un piacere e un privilegio averti qui con noi. Hai trent'anni di carriera alle spalle e un numero incredibile di programmi a cui hai partecipato. Innanzi tutto, complimenti.

● Grazie, grazie mille! Devo tanto al mio pubblico che mi ama e mi segue da tanti anni.

■ Iniziamo subito con l'intervista e partiamo dalle tue origini. Hai debuttato nel mondo dello spettacolo negli anni Ottanta con una piccola apparizione sul grande schermo, nel film "Delitti imperfetti" di Giovanna Sciò.

● Beh, è stata veramente una piccolissima parte di tre secondi, in cui dovevo semplicemente dire una frase... È stata la mia unica esperienza come attrice. A quei tempi frequentavo ancora la facoltà di Scienze dell'Educazione all'Università degli Studi di Milano. Dopo l'esperienza in "Delitti imperfetti" ho capito subito di non avere la stoffa per questo lavoro.

■ Però hai continuato a fare altri piccoli lavori sia in teatro che al cinema.

● Sì, ho fatto piccoli lavoretti dietro le quinte, come assistente dello scenografo, per esempio.

■ E come sei arrivata sul piccolo schermo? Quando hai iniziato a lavorare per la televisione?

● Diciamo che è iniziato tutto un po' per caso... o per fortuna! Dopo l'università ho fatto un tirocinio per un produttore televisivo e poi ho cominciato a lavorare come autrice, un ruolo che ho ricoperto per un anno. Scrivevo i testi per la conduzione del programma di successo "Mezzogiorno italiano".

■ Poi un giorno, il conduttore, Giovanni de Carli, si è sentito male prima di andare in onda ed è così che sei subentrata tu, no?

● Esatto. Quel giorno bisognava risolvere la situazione velocemente e io conoscevo già i testi della conduzione. Così il regista mi ha mandata in onda...

- E da allora non ti sei più fermata. Senti, qual è il programma televisivo a cui sei più legata?
- Sicuramente "Voci". Ha contribuito non solo al mio sviluppo professionale, ma anche alla mia crescita personale e umana. La trasmissione dà voce a storie di persone che hanno un vissuto particolare. Il programma richiede un lungo lavoro di preparazione: incontro personalmente i protagonisti delle storie, mi raccontano le loro vicende commoventi e insieme a loro creo la trasmissione.
- Beh, "Voci" ha ottenuto un successo incredibile. È forse il programma di maggior successo della TV italiana. Senti, ma con oltre venti trasmissioni condotte, sicuramente ci sarà stato un flop, no?
- Sì, di flop ce ne sono stati. Non tutte le trasmissioni hanno avuto lo stesso successo, come è giusto che sia. Per esempio, "A casa di Sara" non ha registrato l'audience che speravamo e il programma è stato chiuso dopo poche puntate.

☒ gli esordi della carriera

☒ i successi e gli insuccessi professionali

▶ 67 **3b Lösung**

		vero	falso
1.	Sara Testi ha iniziato la sua carriera con un piccolo ruolo in un film.	☒	☐
2.	Nel corso degli anni ha recitato in film e spettacoli teatrali. *Sara Testi ha avuto solo un'unica esperienza come attrice, ma ha fatto altri piccoli lavori sia a teatro che al cinema.*	☐	☒
3.	Ha lavorato come assistente di un produttore televisivo per un anno. *Ha lavorato come autrice per un anno.*	☐	☒
4.	Ha debuttato in TV quando ha dovuto sostituire un conduttore malato.	☒	☐
5.	La trasmissione "Voci" le ha permesso di crescere come professionista e come persona.	☒	☐
6.	Tutte le sue trasmissioni hanno riscosso sempre grande successo. *Nella sua carriera ci sono stati dei flop, non tutti i programmi hanno avuto lo stesso successo.*	☐	☒

▶ 68 **3c Text / Lösung**

■ Ripensando alla tua carriera, se potessi tornare indietro, che cosa non rifaresti?

● Se potessi tornare indietro, non parteciperei alla trasmissione “Canta che ti passa” perché, come si è visto in quell’occasione, non sono portata per il canto. Il conduttore, Roberto Amerighi, voleva che partecipassi come ospite a tutti i costi e alla fine ho ceduto. Ecco, se potessi cambiare qualcosa, non parteciperei in qualità di superospite e non canterei davanti al pubblico. Preferirei sedere tranquillamente tra i membri della giuria.

■ Prima hai nominato Giovanni de Carli e poco fa hai citato Roberto Amerighi, entrambi conduttori apprezzati nel panorama televisivo. Fino ad ora hai sempre condotto i tuoi programmi da sola. Ma se ti chiedessero di condurre un programma con qualcuno, chi ti piacerebbe avere al tuo fianco?

● Bella domanda! Dunque, sì, fino ad ora non si è ancora presentata l’occasione di una co-conduzione. Ma ciò è legato a decisioni aziendali che io, sinceramente, non condivido. Se potessi scegliere con chi lavorare, vorrei presentare la cerimonia di premiazione dei David di Donatello con Marina Crespi.

■ Ah, una scelta interessante. Nei corridoi televisivi si mormora di una forte rivalità tra te e lei.

● Ecco, mi sento di smentire categoricamente questi pettegolezzi. In realtà, stimo molto Marina Crespi. Mi piacerebbe condurre un programma con lei perché è una grande professionista e personalmente apprezzo il suo stile elegante e pacato di condurre i programmi.

■ In questo periodo stai lavorando al reality show “Sopravvissuti”, un programma che ti terrà impegnata per i prossimi cinque mesi. Insomma, non ti fermi mai. Tu stessa hai dichiarato di non avere un attimo di pausa. Dunque, la mia domanda è: se avessi più tempo, a che cosa ti dedicheresti?

● Ho sempre pensato di fare qualcosa di diverso al di fuori della TV. Se avessi più tempo, aprirei una fattoria didattica, un’azienda agricola attrezzata per attività didattiche per ragazzi e famiglie. Perché? Beh, così potrei dedicarmi a due grandi passioni: l’amore per la natura, gli animali e i bambini e l’interesse per la pedagogia.

■ Insomma, un ritorno alle origini, ai tuoi studi in Scienze dell’Educazione.

● Esatto, proprio così.

■ Ma veniamo ora alla tua vita privata...

	Che cosa farebbe?	Perché?
Se potesse tornare indietro...	*... non parteciperebbe (come ospite) alla trasmissione "Canta che ti passa".*	*Perché non è brava a cantare / non è portata per il canto.*
Se potesse scegliere con chi lavorare...	*... vorrebbe presentare la cerimonia di premiazione dei David di Donatello con Marina Crespi.*	*Perché è una grande professionista e apprezza il suo stile elegante e pacato di condurre i programmi.*
Se avesse più tempo...	*... aprirebbe una fattoria didattica.*	*Perché potrebbe dedicarsi a due grandi passioni: l'amore per la natura, gli animali e i bambini e l'interesse per la pedagogia.*

▶ 69 **3d Text / Lösung**

1. ◆ Se Giulia avesse più tempo, che cosa farebbe?
   ▲ Se Giulia avesse più tempo, si iscriverebbe a un corso di cucina.
2. ◆ Se Armando potesse tornare indietro nel tempo, che cosa farebbe?
   ▲ Se Armando potesse tornare indietro nel tempo, passerebbe più tempo con la sua famiglia.
3. ◆ Se Martina non fosse così impegnata con il lavoro, che cosa vorrebbe fare?
   ▲ Se Martina non fosse così impegnata con il lavoro, dedicherebbe più tempo alla sua passione, la pittura.
4. ◆ Se Carlo vincesse alla lotteria, come investirebbe la vincita?
   ▲ Se Carlo vincesse alla lotteria, darebbe una parte dei soldi in beneficenza.
5. ◆ E tu, se avessi più tempo, che cosa faresti?
   ▲ Se avessi più tempo, farei un corso di programmazione.

Quellenverzeichnis

Cover, Rücktitel:
© Getty Images/iStock/MStudioImages

Fotos Innenteil:

S. 7: A bis C © iStock/pixdeluxe, © plainpicture/Fancy Images, © Vasyl – stock.adobe.com
S. 9: © Getty Images/iStock/NadyaPhoto
S. 14: A bis C © Getty Images/E+/vorDa, © iStock/Todor Tsvetkov, © Getty Images/E+/Dean Mitchell
S. 15: oben © Getty Images/iStock/Ridofranz, unten © Getty Images/E+/funky-data
S. 18: oben © Getty Images/iStock/Ridofranz, unten © Getty Images/E+/funky-data
S. 19: A bis C © Getty Images/E+/skynesher, © Getty Images/iStock/SeventyFour, © Getty Images/E+/eclipse_images, unten © Thinkstock/BananaStock/Jupiterimages
S. 21: von links © Getty Images/E+/Mixmike, © Getty Images/E+/michele Galli, © Getty Images/iStock/whitephotoroma
S. 22: © iStock/Steve Geer
S. 23: von oben © PantherMedia/Herbert Esser, © Getty Images/iStock/Victoria Oliynyk, © Getty Images/iStock/master1305, © motivthueringen8 – stock.adobe.com
S. 25: © Getty Images/iStock/ilbusca
S. 29: © Getty Images/E+/izusek
S. 35: A bis C © Getty Images/iStock/RHJ, © Getty Images/iStock/makasana, © Getty Images/iStock/Kseniia Glazkova
S. 42: © Getty Images/iStock/lithiumcloud
S. 43: von oben © Getty Images/bowdenimages, © Getty Images/iStock/Corinne Poleij, © Thinkstock/iStock/monkeybusinessimages, © fotolia/moodboard, © Getty Images/E+/filadendron
S. 47: A © Getty Images/E+/vgajic, B © Getty Images/E+/FilippoBacci
S. 48: von oben © Getty Images Plus/iStock/PeopleImages, © GettyImages/E+/JohnnyGreig, © Getty Images/iStock/Wavebreakmedia, © Thinkstock/iStock/Ridofranz, © Getty Images/E+/PeopleImages
S. 52: iperconnessi © Getty Images/iStock/Alessandro Biascioli, orientati © Getty Images/iStock/javi_indy, interessati © Getty Images/E+/Geber86, viaggiatori © Getty Images/iStock/MStudioImages
S. 53: © Getty Images/iStock/AntonioGuillem
S. 57: oben © Getty Images/iStock/stockfour, A bis F © Getty Images/iStock/monkeybusinessimages, © Getty Images/E+/gremlin, © Getty Images/iStock/gorodenkoff, © Getty Images/E+/pink_cotton_candy, © Getty Images/E+/Nes
S. 58: Filmstreifen © Getty Images/iStock/Mingirov
S. 65: © Getty Images/E+/mihailomilovanovic
S. 71: © Getty Images/iStock/Wavebreakmedia
S. 75: A bis C © Thinkstock/iStock/smirart, © Getty Images/iStock/oatawa, © Getty Images/E+/PeopleImages
S. 80: A bis C © iStock/Brian Opyd, © Getty Images/iStock/Ridofranz, © Getty Images/E+/skynesher
S. 81: von oben © Thinkstock/iStock/ajr_images, © Getty Images/iStock/Ridofranz, © plainpicture/Cultura/Streetangel
S. 85: A bis C © Thinkstock/iStockphoto, © Thinkstock/iStock/denisgo, © Thinkstock/iStock/R_Type, unten © Getty Images/iStock/oonal
S. 86: © Getty Images/Moment/Witthaya Prasongsin
S. 90: Obst © Thinkstock/iStock/destillat, Nüsse © Getty Images/iStock/fcafotodigital, gekochtes Gemüse © Getty Images/iStock/Dukell, Fisch © Thinkstock/iStock/Svetlana K, Milchprodukte © Getty Images/E+/fcafotodigital, Getreide © Thinkstock/iStock/khudoliy, Eier © Getty Images/iStock/Samohin, Tofu © Getty Images/iStock/subjug, rohes Gemüse © Shutterstock.com/Serg64
S. 98: Reihe oben von links © Getty Images/E+/ridvan_celik, © Getty Images/E+/vgajic, © Thinkstock/iStock/gpointstudio, © Getty Images/E+/Mikolette, Reihe unten von links © Getty Images/E+/agrobacter, © Getty Images/iStock/Halfpoint, © DenisProduction.com – stock.adobe.com, © Getty Images/iStock/ImageKit
S. 99: von oben © Getty Images/E+/jonya, © Getty Images/E+/PeopleImages, © Getty Images/E+/Goodboy Picture Company, © Thinkstock/iStockphoto
S. 103: © Thinkstock/iStock/Deagreez
S. 104: A bis D © Getty Images/iStock/Lyndon Stratford, © Getty Images/E+/Tinpixels, © iStockphoto/sumnersgraphicsinc, © Getty Images/E+/Goodboy Picture Company
S. 109: oben © Getty Images/iStock/jacoblund, unten © Getty Images/E+/PeopleImages
S. 110: Reihe oben von links © Getty Images/iStock/chameleonseye, © Getty Images/iStock/Andreas Steidlinger, © Getty Images/iStock/jchizhe, Reihe unten von links © Getty Images/E+/lisegagne, © Getty Images/istock/undefined undefined
S. 111: © Getty Images/iStock/Inside Creative House
S. 116: © Getty Images/iStock/dankadanka
S. 121: © Getty Images/iStock/Buffy1982
S. 122: oben © Getty Images/iStock/SerrNovik, unten © Getty Images/iStock/Nastco
S. 123: von oben © Thinkstock/iStock/oporkka, © Thinkstock/iStock, © Thinkstock/Polka Dot Images
S. 127: A bis F © Jupiter Images/image100, © Getty Images/iStock/YinYang, © Getty Images/iStock/NicoElNino, © Getty Images/OJO Images/Robert Daly, © Getty Images/E+/South_agency, © fotolia/digitalstock
S. 128: Antonella © Getty Images/iStock/bymuratdeniz, Franco © Getty Images/iStock/klebercordeiro, Daniele e Carla © Getty Images/E+/simonkr, Susanna © Getty Images/iStock/petrenkod
S. 132: A bis C © Getty Images/E+/PeopleImages, © Getty Images/iStock/thodonal, © Getty Images/iStock/RightFramePhotoVideo
S. 138: © Getty Images/E+/vm
S. 139: 0 bis 5 © PB – stock.adobe.com, © Thinkstock/iStock/dolgachov, © Getty Images/E+/Massimo Merlini, © Getty Images/iStock/shironosov, © Getty Images/iStock/darios44, © joyfotoliakid – stock.adobe.com

Bildredaktion:
Cornelia Hellenschmidt, Hueber Verlag, München

Inhalt des MP3-Downloads zum Buch:

Sprecherinnen und Sprecher: Emanuele Banchio, Maria Comune, Cristina Cornelio, Marco Montemarano

Produktion: Atrium Studio Medienproduktion GmbH, München Deutschland